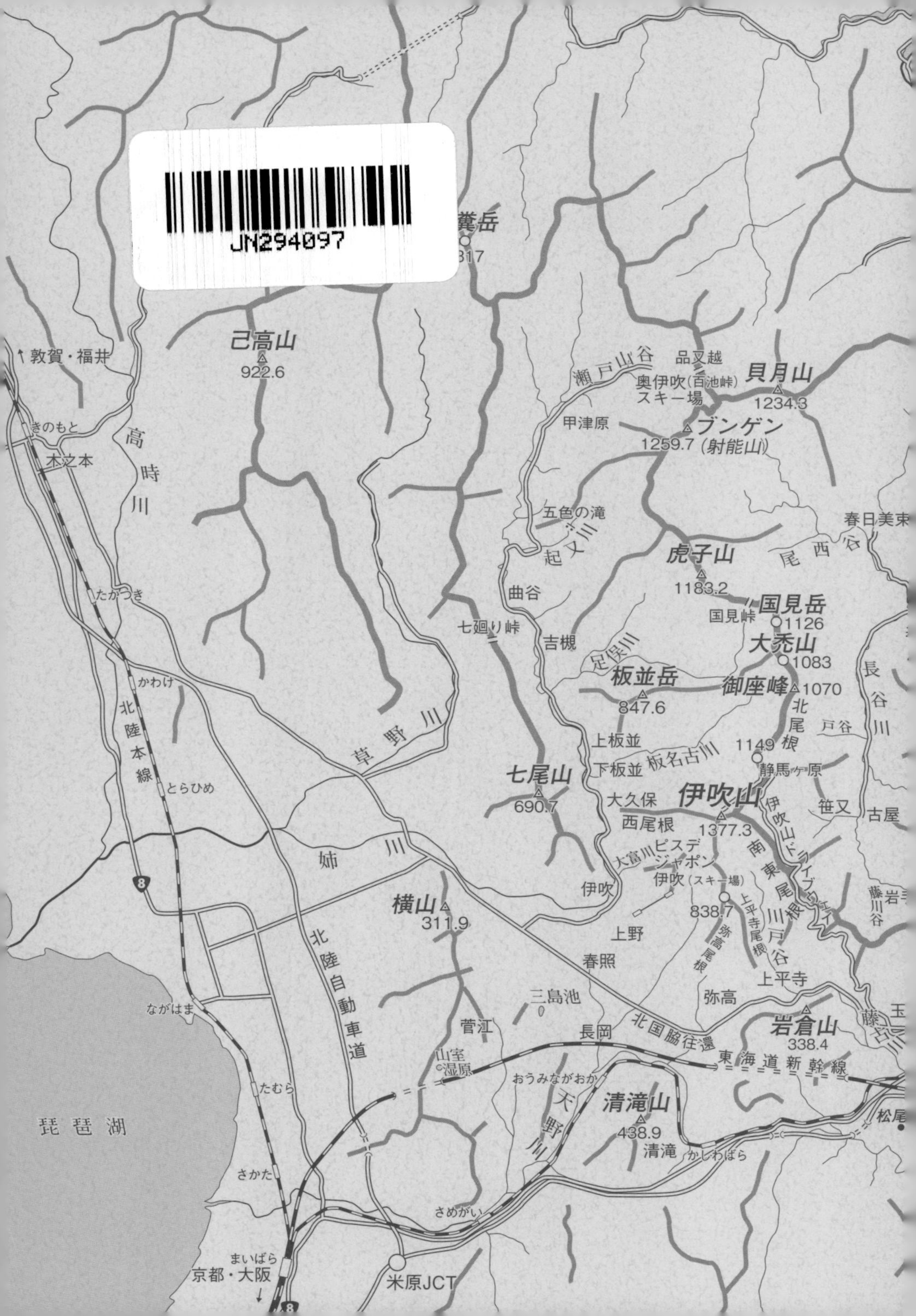
糞岳
己高山
922.6
↑敦賀・福井
きのもと
木之本
高時川
瀬戸山谷
品又越
奥伊吹(百池峠)
スキー場
貝月山
1234.3
甲津原
ブンゲン
1259.7 (射能山)
五色の滝
起又谷
春日美束
尾西谷
虎子山
1183.2
国見岳
国見峠
1126
大禿山
1083
曲谷
七廻り峠
吉槻
足俣川
板並岳
847.6
御座峰
1070
北尾根
戸谷
長谷川
1149
上板並
下板並
板名古川
静馬ヶ原
七尾山
690.7
大久保
伊吹山
1377.3
西尾根
伊吹山ドライブウェイ
笹又
古屋
たかつき
かわけ
北陸本線
草野川
とらひめ
姉川
大富川
ピステジャポン
伊吹(スキー場)
838.7
南東尾根
川戸谷
上平寺尾根
弥高尾根
伊吹
横山
311.9
藤川谷
上野
春照
上平寺
弥高
三島池
北陸自動車道
岩倉山
338.4
藤古川
北国脇往還
長岡
菅江
山室湿原
東海道新幹線
おうみながおか
天野川
清滝山
438.9
清滝
かしわばら
松尾
ながはま
たむら
琵琶湖
さかた
さめがい
まいばら
京都・大阪↓
米原JCT
8

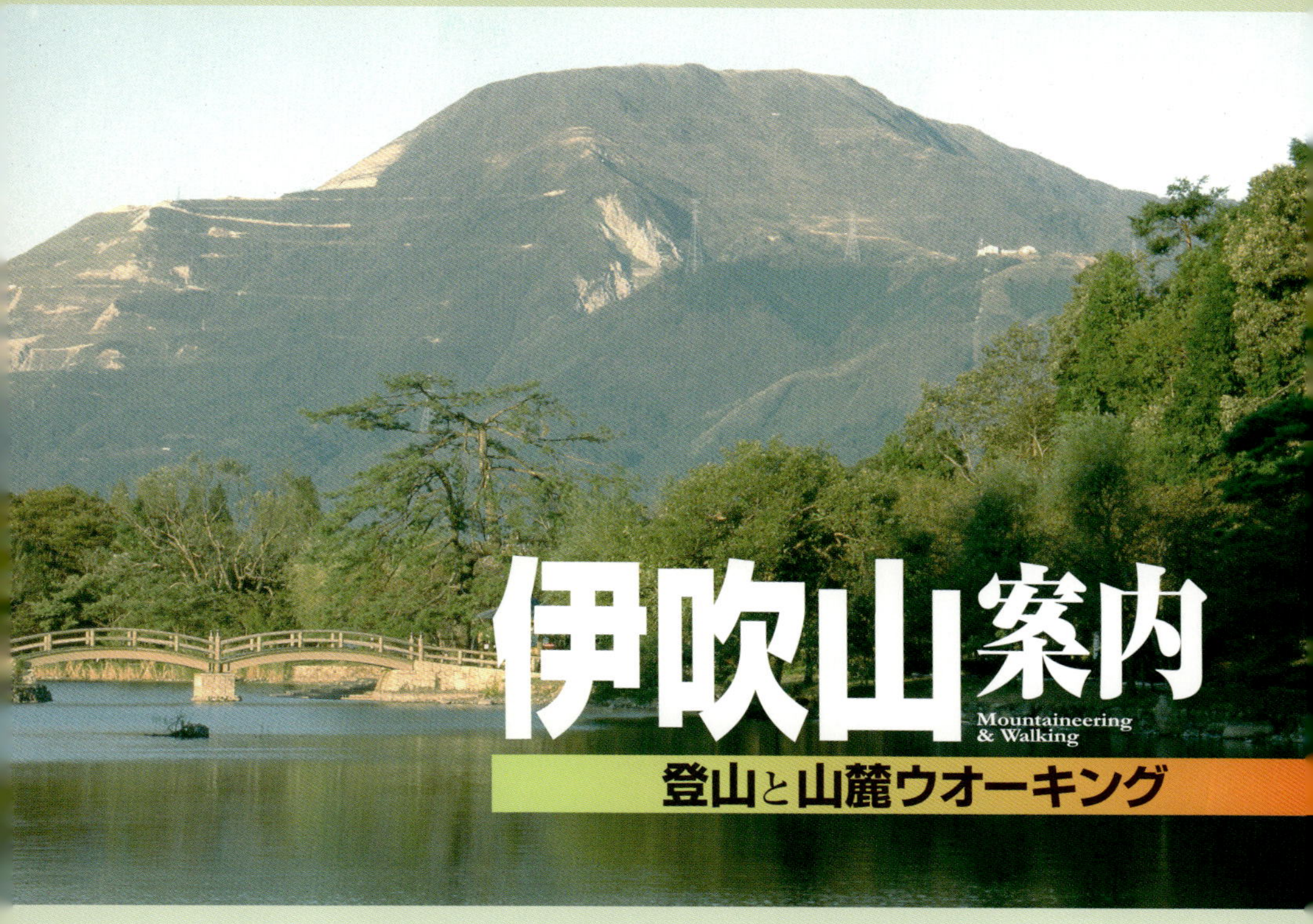

伊吹山案内

Mountaineering & Walking

登山と山麓ウオーキング

Kusagawa Keizo
草川啓三

ナカニシヤ出版

深く切れ込む板名古川を挟んで見る
北方からの迫力のある伊吹山の姿
（虎子山西尾根から）。

台風一過の伊吹山山頂からの眺め。南東
尾根の向こうに濃尾平野が広がっている。

【本扉】
名景として知られる三島池からの伊吹山。

シモツケソウが中心となる伊吹山のお花畑。
８月第一週頃が最盛期となる。

最盛期のお花畑はシモツケソウの他に
クガイソウ、メタカラコウ、シシウド、
ミヤマコアザミなどの花が咲き乱れる。

お花畑ですらっと伸びた
メタカラコウの黄色がひ
ときわ鮮やか。

北尾根道の春。雑木林の林床にはとりどりの
花が咲く。最も美しい季節だ。

左＝芽吹き始めたブンゲン山稜のブナ林。
ブンゲンの春はオオバキスミレなど
も咲き、ブナの新緑と花が楽しめる。

上平寺越の岐阜県側。かすかに残る
昔の峠道にトチの巨木が数本あった。

右＝アシキマタの流れに沿って登って行く国見峠道。

播隆上人修行地から移された石仏が祀られ
た笹又の広場。山深い笹又にも春が来た。

伊吹山《いぶきやま》の魅力

濃尾《のうび》平野の西北に大きく屹立する伊吹山は、北へ、東へと続く山脈の始まりの山である。伊吹山から北上する尾根は、岐阜、福井、滋賀三県が接する三国岳《みくにだけ》に至っており、この南北に延びる稜線を中心として、そこから派生する支尾根を含めた山域を伊吹山地と呼んでいる。この山地の主峰が伊吹山で、さらに範囲を広げれば、三県が接する三国岳から東へ、能郷白山《のうごうはくさん》、白山へと延々山稜が続いている。伊吹山地はこの両白山を中心とした両白山地《りょうはく》の西端を形成する山地でもあり、伊吹山は白山の山並みから連なる両白山地の終着点となる山である。

そしてもっと大きく目を広げ、日本列島上におけるこの伊吹山の位置に注目してみよう。伊吹山は本州のほぼ中央にあり、伊勢湾と若狭湾に挟まれた本州で最も狭まった地に位置しており、伊吹山のあらゆる面において大きな影響を及ぼしている。

伊吹山といえばまず思い浮かぶのが、お花畑で有名な山上の植物群落である。西にびわ湖が大きく開けた地形により、冬の西高東低の日本海型気候の影響を強く受けることとなり、伊吹山の植物相に大きな特色をもたらしている。寒冷期には北方の植物や日本海側多雪地帯の植物達が、両白山地から続く山稜を通路として南下し、高山、亜高山の植物が山上に生き残ることになった。石灰岩地質であることや日本海型気候の及ぼす高山的な気象に影響され、類を見ない植物群落を形成するようになった。

また人々の暮らしにおいてもこの位置と山系の繋がりは、大きな影響を与えてきた。

日本の中央にあり最も狭いこの地は、養老、鈴鹿の両山脈と伊吹の山並が重なり合い、東国、西国との境をなす関門ともなっていた。日本の歴史においても、この本州の狭隘部には日本を動かす出来事がいくつも通り過ぎている。天下を分けた関ヶ原の合戦もこの山麓で展開された。伊吹山一帯は日本の歴史や文化の交差点となり、この山周辺に積み重なってきた。

麓から仰ぐ伊吹山の美しく目立った山容は、古代から原始的な信仰の対象となってきた。神話にも伝えられる日本武尊《やまとたけるのみこと》の物語からも、伊吹山は麓で生活する人々からは敬われると同時に、生活を支配する神の居ます山として畏《おそ》れられてきたことがわかる。そうした山の姿は後の時代へもさまざまな形で伝えられてゆく。役《えんの》行者がこの伊吹山へと登って、弥高寺《やたかじ》や太平寺《たいへいじ》を創建し、白山を開山した泰澄《たいちょう》もこの山に分け入って白山信仰を伝えた。両白山地西端のこの山稜からは白山を仰ぐことができる。白山は泰澄が興した山岳信仰の山である。十一面観世音菩薩を本地仏とし、古くからの白山の神とが一体となった山岳信仰が伝えられてきた。伊吹山の麓の湖北地方では観世音菩薩を祀《まつ》る寺院や小さなお堂がいくつもあり、振り仰ぐ山々を通じて、今も人々の生活にその信仰が伝えられている。

そして三修《さんじゅ》によって大きく拓かれて、山上や山麓に山岳寺院が栄えた。こんな伊吹山の歴史は、名山として親しまれた他の多くの山と同じく、信仰の山の代表的な形といえるだろう。

伊吹山はこの地を象徴するシンボルとして、伊吹山文化圏とも捉えられ、大きな影響を江北の地に及ぼしてきたが、明治以降の近代登山の山としても、多くの人に親しまれてきた。伊吹山において中山再次郎氏による関西の山で初めてのスキーの試みがなされたし、また登山の対象としても、花を愛で、ご来迎を拝み、雪を漕いでスキーを楽しむ山として関西や東海地方の登山者に愛されてきた。

しかし現在では登山者の多くは、ゴンドラで三合目まで上がり、一般登山道を歩いて頂上のお花畑を周遊して下ることしか、伊吹山を知ることをしなくなった。私自身も伊吹山ではありきたりな面しか見ず、花の山だけの単調な山だと思ってきた。伊吹山は深田久弥の日本百名山に選定され、その百名山ブームの渦中にあるが、百名山ブームは山を楽しむ範囲をさらに狭めてきているように思う。

私もずっとこうした流れに押し流されて伊吹山を見ていたのだが、ふと昔の峠道の探索を始めてみると、固定されていた焦点が、ワイドにマクロに自由にズーミングできるようになった。そうすると山の懐の深さが見えてきて、さまざまなバリエーションを楽しめるようになった。

地図を眺めても分かるとおり、伊吹山の大きさ深さは、周辺の山では並ぶものがないスケールを持っている。ただ、今まではある一部分にしか焦点が合わされていなかっただけである。確かに花の山としては素晴らしい山であるが、少し視点を変えてみればさらなる魅力を感じる山となることであろう。山麓の花や石仏、湧水を訪ねる散歩道、山で暮らした人々の足跡を辿る峠歩きなど、さまざまに角度を変え、伊吹山の広さ、深さを楽しんでほしい。

春照からの伊吹山

もくじ

横山山頂からの伊吹山

藤川からの伊吹山

樋之口地蔵からの伊吹山

＊本文に掲載した地図は背景に国土地理院発行の五万分の一地形図「大垣・横山・長浜」を使用した。

伊吹山へのアクセス

伊吹山とその周辺の山への登山口には路線バスが通じているが、本数が少なくて時間が制限され、マイカーでの登山が中心となっている。公共交通機関利用での日帰り登山はあまり実用的ではないが、伊吹山のメインコースである正面登山道ほかいくつかのコースで利用可能となっている。

公共交通機関でのアクセスでは、大まかに二つの基点がある。滋賀県側の基点となるのがＪＲ長浜駅で、ここから各登山口へは湖国バスの利用となる。岐阜県側の揖斐川町春日地区の美束や古屋、笹又へは養老鉄道揖斐駅から揖斐川町コミュニティバス（名阪近鉄バス）が通じている。この二つの基点、ＪＲ長浜駅と養老鉄道揖斐駅がここに紹介している登山コースの登山口の多くをカバーしている。

滋賀県側　伊吹山伊吹登山口から甲津原までの登山口

ＪＲ長浜駅から湖国バス伊吹登山口線＝伊吹登山口から甲津原まで（一日７本）

ＪＲ長浜駅から湖国バス近江長岡線＝朝日バス停（横山登山口）から横山（一日９本）

ＪＲ長浜駅から湖国バスでジョイ伊吹バス停まで行き、名神関ヶ原・曲谷線に乗り換え＝弥高、上平寺、藤川などへ（一日４本）

ＪＲ近江長岡駅から湖国バス伊吹登山口線＝伊吹登山口（一日９本）

ＪＲ柏原駅から徒歩にて清滝山登山口の清滝へ

岐阜県側　古屋、笹又や美束

養老鉄道揖斐駅から揖斐川町コミュニティバス（名阪近鉄バス委託）春日線＝川合から美束（一日５本）＝川合から古屋（一日３本）

ＪＲ垂井駅から垂井町巡回バスすこやか号＝南宮大社から南宮山（一日３本）

ＪＲ大垣駅から名阪近鉄バス大垣伊吹線（伊吹山ドライブウェイ）＝伊吹山山上（一日９本、季節運行）

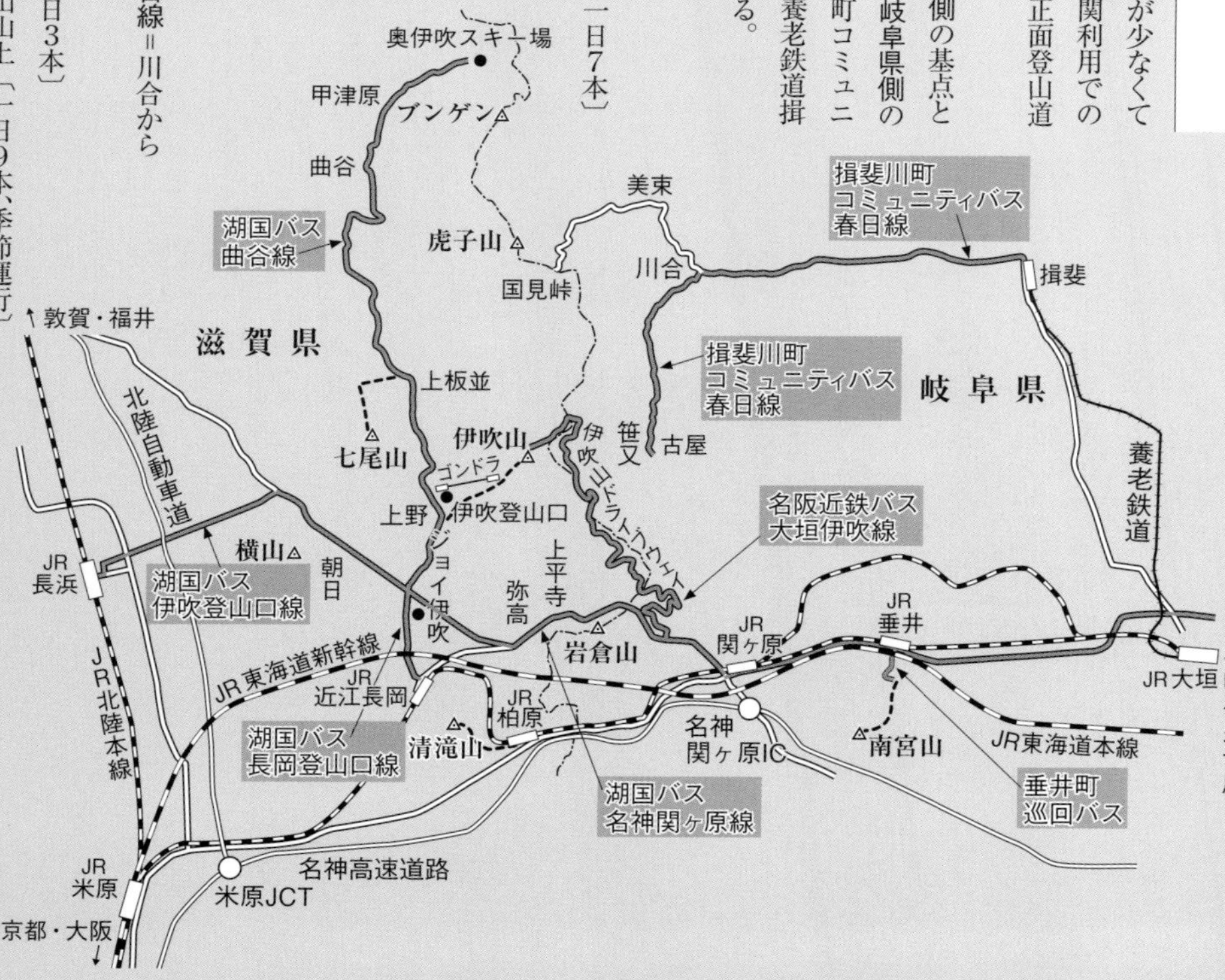

I 伊吹山の花

花の実

朝の登山道。ガラス細工のようにきらめく花の実が目に入った。クサボタンだ。淡ムラサキの花をいっぱいにつける、伊吹山には多い花である。淡いムラサキの色合い、蕚《がく》の先がくるりと反った可愛らしさ、そしてふんわりと羽毛のように柔らかな実、花だけ見ればどれをとっても可憐で優しい印象だが、これだけ至るところで目にするというのは、実は頑強な植物なのだろう。

そんなガラス細工に体が少し触れたら、いっぱいぶら下げた露の水玉が弾け散った。

▼伊吹山の花

伊吹山の魅力は何と言っても花の素晴らしさに尽きる。一四〇〇mたらずの低山なのに、山麓から山頂まで、春から秋まで、これほど豊かな植物相に恵まれた山があるだろうか。

伊吹山には一般的な登山道として五つのコースがある。(1)上野からの正面登山道、(2)岐阜県笹又からの笹又道、(3)県境の国見峠からの北尾根道、そして正面登山道の五合目付近に合流する(4)弥高《やたか》尾根道、(5)上平寺《じょうへいじ》尾根道があり、このいずれのコースを歩いても多くの花と出会うことができる。草原が続く正面登山道、畑地から樹林帯そして草地とバラエティに富んだ笹又道、樹林帯の尾根にところどころ草地が開ける北尾根道と、コースの環境によって咲く花が違っており、伊吹山は実に豊富なバリエーションをもって迎えてくれる。

この植物相の豊かさの秘密を知るには、伊吹山に咲く花の特色をあげてゆくと分かりやすい。

一　伊吹山だけに咲く固有種が多い
　コイブキアザミ、ルリトラノオなど

二　北方性の高山・亜高山性の植物が多い
　グンナイフウロ、キンバイソウ、イブキトラノオなど

三　日本海側斜面に分布を持つ植物が多い
　ザゼンソウ、スミレサイシンなど

ルリトラノオ

グンナイフウロ

四　石灰岩地特有の植物が多い
　ヒメフウロ、クサボタンなど
五　西南日本に分布する襲速紀要素*の植物がある
　ギンバイソウなど

こうした特色を合わせてみると伊吹山に花の豊富な要因が見えてくるが、そこにはこの伊吹山の位置や地形・地質が大きく関わっていることが分かる。

まず一の固有種については、伊吹山の独立峰的な地形や山頂付近の高山性の気象、石灰岩地の乾燥しやすい土壌による森林の発達がないなどの特殊性により、この山に合った種が形成されてきた。また伊吹山だけにある植物のキバナノレンリソウやイブキノエンドウなど、ヨーロッパ原産のものがあることが知られている。これは織田信長がポルトガルの宣教師に薬草園を造らせたことが記録にあり、その時に移植されたものが残ったと考えられている。

二の高山性・亜高山性の植物が多いことについても、一の要因が関わってくる。長い年月の間には大きな気象の変動があり、氷河期などの寒い時期には北方性の植物の南下があった。しかしその後の変動で気候が変わっても、この山特有の地形や気象条件によって高山性の植物が取り残された。伊吹山が西南限という種も多く、キンバイソウやハクサンフウロ、イブキトラノオなど、周辺の山では見られない花が普通に見ることができる。

三の日本海側の多雪地帯の植物が多く見られるのは、日本列島中央部の若狭

ザゼンソウ

ギンバイソウ

＊襲速紀要素　植物分布標識の一つで、南九州を指す熊襲《くまそ》の襲、速水《はやみ》瀬戸（豊後水道）の速と、紀州の紀を合成した言葉。これらの地域一帯を本拠とする植物で南九州から四国、紀伊半島、東海・伊豆、赤石山地等に分布するもの。

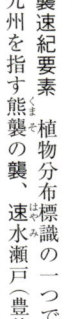

湾と伊勢湾に挟まれた最も狭い地の中央部にこの山が位置しており、比較的日本海から離れているにもかかわらず、西側に開けた琵琶湖の影響もあって、冬期の北西風をまともに受ける地形となっている。山頂では十一ｍを超えるという積雪の日本記録を持っている。

四の石灰岩地質については、伊吹山の北の国見峠付近から南は上平寺越《ごえ》あたりまでが石灰岩に覆われており、石灰岩地を好む多くの植物が分布し、珍しい花も多い。

五は二の場合とは逆で、現在では西南日本に多い花が温暖期に北上した時に広がったもので、こうした多様な植物が分布するのは、やはり伊吹山のこの位置によるところが大きいものと思われる。

▼伊吹山の花の移ろい

伊吹山では、三〇〇〇ｍ級の山の中腹一五〇〇～二五〇〇ｍ付近を歩いているのと同じような花を見ることができる。しかもそれが標高八〇〇ｍたらずの三合目付近から亜高山性の花と出会えるのである。こうした多様な花と見事な群生が伊吹山の最も素晴らしい魅力となっている。

四月初旬の三合目、まずセツブンソウが花を開き、花々の饗宴が始まる。セツブンソウは麓では三月初旬から咲いているが、山上では四月が花のシーズンの開幕である。この頃三合目ではミスミソウやアマナも見頃となっている。三合目にさまざまな花が咲き始めそれが次第に山を登ってゆく。

夏の三合目の草原はユウスゲが一面に咲く

登山道沿いにはセリ科の花が多い

五月の連休の頃には三合目や北尾根道、笹又道では春の花のピークに達する。山頂のお花畑では春にはまだ少し早くて花の種類は少ないが、斜面一面を埋めるニリンソウが見事に開花し、さまざまな花が季節を追って咲き移ってゆく。

山頂のお花畑では六月にはクサタチバナの白い清楚な花が斜面を埋め、亜高山帯の花グンナイフウロが咲き始める。七月も中旬になると主役は夏の花へと変わってゆき、頂上にはニッコウキスゲも小さな群生をつくっている。八月初旬になるとお花畑は最も華やかな時を迎える。主役のシモツケソウをはじめとしてミヤマコアザミ、クガイソウ、ルリトラノオ、メタカラコウ、シシウドなど花、花、花の山頂には人の列が続く。そして山頂に秋風が吹き始めると、テンニンソウやサラシナショウマの群生へと変わってゆく。

伊吹山では山頂お花畑の華やかな群生に目がいくのだが、北尾根や笹又道の登山コースも、春から夏には多くの花が目を楽しませてくれる。私のお目当ては草原性のお花畑の群生より、どちらかというと樹林帯に咲く花にある。サンカヨウやヤマシャクヤク、ルイヨウボタン、ヤマブキソウ、コケイラン、ギンバイソウなどの樹林の中にひっそりと咲く花が好きだ。草原の花、樹林の花、伊吹山はさまざまな花と出会うことができる。

こうして出会った花々を、季節を追って花図譜としてみた。撮れなかった花も多くあるが、伊吹山で見られる花のおおまかな概要が捉えられることと思う。

※参考文献『伊吹山のお花畑保全事業の歩み』村瀬忠義著／伊吹山を守る会発行二〇〇六

山頂の測候所付近にはニッコウキスゲが群生する

北尾根のルイヨウボタン

●ヒトリシズカ
何とも印象的な命名で、花の形も独創的。並んで咲き出した花の列は可愛らしいものだ。北尾根の石灰岩がごつごつしたところに多い。

●エイザンスミレ
スミレの仲間は種の同定が難しいが、エイザンスミレは葉が切れ込んでいて分かりやすい。弥高尾根や笹又道で出会っている。

●アケボノスミレ
内陸部に分布し西日本には比較的少ないと書かれてあった。うす紫の丸みのあるきれいな花、アケボノとはいい名前である。

●ヤマエンゴサク
早春の伊吹山ではどこを歩いていても見かける。透明感のあるブルーが褐色の林床を彩る清々しい花である。ツンと尖った形も面白い。

●セリバオウレン
笹又から賤野谷の右岸の尾根に取り付いたところで見かけた。小さな春の妖精である。出会っただけでうれしくなった。

●ミヤマハコベ
春の山ではどこにでも咲いている小さな花だが、純白の花のアップは非常に美しい。花が小さいだけに群生する姿は見応えがある。

●アマナ
チューリップの仲間。三合目や弥高尾根の坊跡、上平寺尾根の城跡などの草地に咲く。早春の伊吹の代表的な花。

●キバナノアマナ
アマナと似ているがまったく別の属だという。伊吹山ではアマナほど多く見かけることはない。アマナより少し小さい。

●カタクリ
春を代表する花カタクリは、樹林のない正面登山道では見られない。笹又道、北尾根道、弥高尾根、西尾根などで出会っている。

●セツブンソウ
早春の花の中でも一番に咲く花で、絶滅危惧種に指定されている。鈴鹿でも見られ、伊吹では山麓や三合目周辺の草地に群落がある。

●ザゼンソウ
雪国ではどこにでもある花だが、関西の山ではあまり見かけることはない。伊吹山の静馬ヶ原で見られることはあまり知られていない。

●ミスミソウ
ユキワリソウとも呼ばれる早春の花。日本海側に咲くものはピンクや八重など変異が多いようだが、伊吹山は白ばかり。三合目に多い。

●ツクバネソウ
羽根つきの羽根から連想された名前だという。近辺の山でも比較的よく見られる。葉が輪生するクルマバツクバネソウもある。

●カキドオシ
春にはよく見るあまり目立たない花だが、一輪、一輪見ると美しい。群生していることが多く、漢字で書けば垣通しとなる。

●フモトスミレ
藤川谷の林道を稜線近くまで登ると、法面にフモトスミレが咲いていた。斑入りの葉が目立つが、白地に紫の花も気品があって美しい。

●サンカヨウ
夏緑林帯の林床に咲く。滋賀県内では金糞岳とこの伊吹山だけしか見ていない。伊吹山では山頂の東遊歩道の駐車場付近と北尾根で見る。

●ヤマルリソウ
ワスレナグサに似たうす紫の小さな花。瑠璃の名の通りのまさに小さな宝石のような花。いつもうまく撮れなくて苦労する。

●スミレサイシン
日本海側に咲くスミレの一種で、伊吹山でも見ることができる。スミレの中でも花が大きく存在感がある。北尾根などで見られる。

●ラショウモンカヅラ
北尾根などの樹林帯で見る。渡辺綱が羅生門で切り落とした鬼女の腕から名付けられたというが、そんなイメージとはほど遠い美しい花だ。

●ニリンソウ
伊吹周辺では県道の車道沿いから山頂まで見られる。樹林帯の林床に咲くが、5月の山頂ではお花畑一面に咲く見事な群落が見られる。

●イチリンソウ
山よりも山麓でよく見かける。伊吹山でも大久保集落の伊吹神社周辺に多く咲いており、大振りの真っ白な花が目をひく。

●ハクサンハタザオ
白い星をまき散らしたように北尾根の岩地に群生して咲く。茎葉に毛が密生しているのが変種のイブキハタザオ。

●キバナハタザオ
石灰岩地を好む植物で、どこでも見られる花ではないようだが、伊吹山では群生する姿を見ることができる。

●ホウチャクソウ
伊吹山には多い花である。ユリ科ではチゴユリ、ユキザサなどと同じく、北尾根の樹林帯に咲く。山麓の長尾寺でもたくさん咲いていた。

●タニウツギ
日本海側の多雪地帯に咲く落葉低木で、滋賀県内ではどこに行ってもよく見る。伊吹山では印象が薄い花だったが、北尾根で出会った。

●ナツトウダイ
漢字で書くと夏燈台、夏なのに春に咲く。対生した葉の上に棘のような花を付ける。燈台の名はこの花の形から。

●フタバアオイ
種類が多くて見分けにくい。華やかさのない地味な花だが、葉っぱの形や模様を見ていると、渋くて日本人好みの花に思える。

●ヤマブキソウ
春、笹又道や北尾根で出会う。ヤマブキに似ているところから名付けられたようだが、樹林帯の中では濃い黄色の花が一際目立つ。

●ヤマシャクヤク
コオニユリが伊吹山の草原の女王なら樹林の女王はヤマシャクヤクだろう。気品のある白いこの花に出会うと、一日が幸せな気分になる。

●アシウテンナンショウ
背の低いテンナンショウの写真を友人に同定してもらったところアシウテンナンショウと判明。北尾根にもこの花があったとは。

●ヒメレンゲ
北尾根の樹林帯で多く見られ、石灰岩の岩の上を黄色の可憐な花がびっしりと埋めている。幹の窪みにも咲いてた。

●アヤメ
伊吹山では笹又の畑地の上や三合目の草原で出会っている。湿地に咲くイメージがあるが、陽当たりのいい草地に咲くようだ。

●ルイヨウボタン
葉の形がボタンに似ているところから名付けられた。周囲に溶け込むような黄緑色の小さく地味な花だが、気品がある。北尾根に多い。

●アカヒダボタン
藤川谷から南東尾根へと上がる林道の途中の小さな流れの中で見る。黄と赤のコントラストの強烈さに目をひかれ、カメラを向けた。

●イカリソウ
伊吹山麓の春で一番目につくのがオドリコソウとイカリソウではないだろうか。長尾護国寺跡への道はイカリソウが続いていた。

●オドリコソウ
山麓の春、ニリンソウやイチリンソウとともに、オドリコソウがそこここに見られる。名前の通りリズミカルに咲き競っている。

●クサタチバナ
山上のお花畑にはさまざまな花が群生するが、6月になると西遊歩道の斜面は白いクサタチバナに埋まる。地味だが清楚で美しい花である。

●グンナイフウウロ
こんな亜高山帯の美しい花と出会えるのも、伊吹山のお花畑の魅力の一つだろう。頂上のお花畑や北尾根で見られる。

●フタリシズカ
北尾根にはヒトリシズカが多いが、6月に歩くとフタリシズカもよく見る。フタリの方が花は地味だが、シンプルな味のある花である。

●ヒメフウロ
石灰岩地に生える小型のフウロ。日本での自生地は限られているそうだが、伊吹山では笹又道や北尾根で普通に見る。

●ツルガシワ
6月の北尾根で葉の付け根に赤黒い花がかたまって咲く、見慣れない花と出会った。少し不気味な感じのする花だった。

●トチバニンジン
朝鮮ニンジンと同じ仲間の薬用植物。トチの葉を思わす葉、房状に咲く小さな花、その造形の見事さに惹かれてカメラを向けた。

●イブキガラシ
ヤマガラシの一種とされている。春から夏、頂上周辺や笹又道上部で見かけた。高茎の花はやはり群生する姿に見応えがある。

●ヒヨクソウ
6月の北尾根で見ている。そんなに大きくないので目立つ花ではないが、比翼の形とブルーの星のような小さな花に魅せられた。

●ハンショウヅル
蔓性の低木で下向きに釣り鐘型の花が咲く。まさに「半鐘蔓」、かなで書くと分かりにくいが、漢字にすれば一目瞭然。

●コバノミミナグサ
伊吹山の固有種だとされていたが、山口県の秋吉台でも見つかったという。6月に笹又道で見る。小さいけれど美しい花だった。

●コケイラン
エビネにちょっと似ているがもっと小さくて、草の中に埋まるように咲いていた。笹又から北尾根へと歩くうちに数株見つけた。

●ヤマトグサ
牧野富太郎によって日本人として初めて学名を付けられた植物。変わった形の小さな花で、友人に教えられて知った。

●ハクサンフウロ
伊吹山の高山性の花を代表するのがハクサンフウロであろう。三合目から頂上まで見られるポピュラーな花で、咲く時期も長い。

●イブキフウウロ
高山植物でおなじみのハクサンフウロの仲間で、花弁の先が山型に切れ込んだものがイブキフウウロ。伊吹山にはフウロの仲間が多く咲く。

●オカトラノオ
無数の白い花が総状に尻尾のように垂れ下がる。初夏の草地や林縁で見られるが、何よりもその形が美しい。アップにしてもまた見事な造形。

●カラマツソウ
伊吹山では多く見る。陽当たりの良い草地に咲くが、カラマツの葉のような放射状に咲く白い花は涼しげ。線香花火を思わせる。

●キバナノカワラマツバ
粟粒のような淡い黄色の花が盛り上がるように咲いている。松葉状の葉を持ち白っぽい花が咲くカワラマツバもある。

●クサフジ
全山いたるところに咲くマメ科の花。どこにでもある地味な花だが、鮮やかな紫の花が連なる姿には、はっとさせられる。

●ニッコウキスゲ
高山植物として最も親しみ深い花であろう。比較的低い山でも草地が広がる山ではよく見る。伊吹では頂上周辺の他北尾根にも咲いている。

●クルマバナ
三合目から山頂まで伊吹山ではよく見るシソ科の花。車花の名の通り、段をなした節に輪状にピンクの花を付ける。

●イブキジャコウソウ
イブキの名を持つが、日本の山では広く自生する。山頂では一面に咲く見事な群生をつくっている。良い香りがする日本産タイム。

●カノコソウ
グレーぽい白にほんのりとピンクがかった上品な花。つぼみが鹿の子に見えるのだろうか。伊吹山に多く咲く薬用植物。

●イブキシモツケ
シモツケソウとは違い、白い花のイブキシモツケやシモツケは落葉低木。シモツケより少し早く6月頃に正面登山道で見られる。

●シモツケ
シモツケソウと同じくピンク色で花も似ていて間違いやすい。山頂の南西側の中尾根の上あたりに大群落をつくる。

オオバギボウシ
正面登山道に多く、山頂お花畑では群生している。ホタルブクロやメタカラコウ、イブキトリカブトなどと同じような場所に咲いている。

コオニユリ
伊吹山の花の女王とでもいったらいいだろうか。大きさ、形、色とどれをとっても目立っている。群生しないところがいいのだろうか。

ホタルブクロ
伊吹山では正面登山道や山頂お花畑で多く咲く。山野でよく見かけるありふれた花だが、伊吹山での群生した姿は一味違う魅力がある。

イブキトラノオ
伊吹山の草原に多く咲く。群生して風に揺れる姿は、伊吹の花の代名詞のような感じがするが、草原状の山地で普通に見られる。

ウツボグサ
北尾根や山頂お花畑で地面に低く群落をつくっている。名前は弓矢の矢を納める靭に似た形からきており、利尿薬として使われるという。

ヤマクルマバナ
クルマバナやイヌトウバナに似ているが花が小さくて白に近く、花の付き方も違う。全体に毛が生えて野性的な感じがする。

キオン
背が高く黄色の大きな花をたくさん付けているので良く目立っている。山頂のお花畑や笹又道の草地で見る。

シシウド
シシウドのシシは大きい、強いといった意味にとれるのではないだろうか。太陽に向かって力強く伸びるその姿そのものである。

ミヤマコアザミ
山頂のお花畑に多く咲く。背が低くがっちりとした棘にガードされている。花はぼってりと大きく、近寄って見ると何とも美しい。

キバナノレンリソウ
伊吹山のみに自生するヨーロッパ原産の牧草。織田信長がポルトガルの宣教師に薬草園を造らせ、薬草とともに入ったと考えられている。

キンバイソウ
山地から亜高山の草原、林縁に咲き、伊吹山は自生地の西限となっている。山頂のお花畑に咲くぽってりとした黄色の花は美しい。

ギンバイソウ
アジサイの仲間で対生した葉が先で二分する独特の形。緑深い林の中での真っ白い花との出会いに感激した。笹又道、北尾根で見る。

オオハナウド
区別が難しいセリ科の中では、花の形が独特なので分かりやすい。北方系の植物で、伊吹山が西南限になるのだろうか。

イブキゼリモドキ
イブキと名前が付いているのに、伊吹山には自生はないとされている。栽培種が広がったのだろうか。

クガイソウ
ルリトラノオとよく似ているが、葉が輪生して数層の階層をなしている。九階草、九蓋草と書き、頂上のお花畑に多く群生している。

メタカラコウ
山頂のお花畑にシモツケソウ、クガイソウなどとともに群生している。似た花にオタカラコウがあるが、伊吹山では見られない。

コウゾリナ
茎や葉にかたい毛がありさわるとごわごわしており、その様子から顔剃菜となり転じてコウゾリナと呼ばれている。伊吹ではよく見る花。

キツリフネ
谷間で見る花だが、伊吹山の正面登山道に咲いおり、こんなところでと驚かされた。紅はよく見るが、キツリフネは比較的少ない。

シデシャジン
伊吹山全山にあるが、特に笹又道に多く見られる。緑の草地の中では紫の花が鮮やかに映える。伊吹以外ではあまり見ない。

ユウスゲ
真夏の三合目は一面に黄色のユウスゲの花が咲く。同じユリ科のニッコウキスゲに花は似ているが、ユウスゲのレモン色は涼やかだ。

ルリトラノオ
伊吹山だけに見られる固有種。クガイソウとよく似ているが、葉が対生している。透明感のある紫の美しい花だ。

キリンソウ
正面登山口では盛り上がるように大きな群落をつくるところがある。厚みのある葉と強烈な黄色の花が印象的。

シュロソウ
紫褐色という変わった花色と背が高いので、良く目立つ。山頂の東遊歩道に多く咲く。この近辺では伊吹山以外では見たことがない。

シモツケソウ
伊吹山のお花畑といえばこのシモツケソウが中心になる。一面ピンクの中にシシウド、クガイソウ、メタカラコウなどの色が混じる。

●ミツバベンケイソウ
むくむくと盛り上がるような花の集まりを見ているとブロッコリーを思い出した。初秋の頃の正面登山道で多く見られる。

●カワラナデシコ
繊細だが芯が強いという、日本女性の美称である大和撫子はこのカワラナデシコのこと。夏の登山道に咲くピンクが何とも鮮やか。

●キンミズヒキ
キンミズヒキといえば初秋の風に揺れる姿を思い浮かべる。低山では多く見かけ一見平凡な感じのする花だが、美しい花である。

●ヨツバヒヨドリ
8月中頃の山上のお花畑にはヨツバヒヨドリが多い。見栄えのする花ではないが、アサギマダラが舞い、ぶら下がっては蜜を吸っていた。

●オトコエシ
秋の七草の黄色い花のオミナエシ（女郎花）に対し、白花で少し大きく強壮な感じという。3合目付近で見た。

●イブキボウフウ
友人に写真で同定してもらったが、現地でしっかりと頭に入れなければ、なかなか判定が難しく、頭を悩ませる花である。

●フシグロセンノウ
好きな花のひとつ。ナデシコ科だが、ナデシコの明るさとは正反対の妖艶な雰囲気を持っている。笹又道の樹林帯に咲く。

●クサボタン
石灰岩地に多く伊吹山では全山に咲いている。葉が牡丹の葉に似るところから名付けられたという。淡い紫が美しく、実は羽毛のよう。

●マルバダケブキ
マルバダケブキはここ伊吹山では、駐車場すぐ上の東遊歩道の脇にひとかたまりの群生をつくっている。

●コイブキアザミ
伊吹山の固有種。高さ1m位になり、密生した葉は棘におおわれ枝先に多くの花をつける。正面登山道から頂上に多い。

●ツリガネニンジン
紫のつりがねのような花を輪状にぶら下げ、爽やかに初秋の草原を彩る。三合目の付近に多く咲くが、伊吹周辺の山野でも多く見る。

●シオガマギク
8月下旬頃から正面登山道で見ることができる。赤紫色の大きな花で風車のように巴状に咲くが、私には地味な花の印象がある。

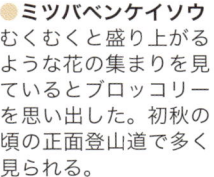

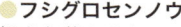

●イヌトウバナ
地味な感じの花で、クルマバナほどの派手さはない。トウバナの仲間も似た花が多く、私には同定が難しく悩まされた。

●ソバナ
初秋の山でどこでもよく見かける花。ツリガネニンジンに似ているが輪生せず、もう少し大きな花を数輪列ねて咲く。伊吹山にも多い。

●ヤマハッカ
初秋の登山道沿いにはヤマハッカが多い。涼しげな名前だが、陽当たりの良い所に咲くこの花を見ると残暑を思い浮かべる。

●マネキグサ
西日本に分布しており、伊吹山でもあまり見かけないようだ。エンジに白の縁取りが印象的で、花の形が手招きしているようにも見える。

●ツリフネソウ
普通のツリフネソウより色が薄く、ハガクレツリフネソウかと迷った。よく観察せずに撮ったことを後悔。笹又道に咲いていた。

●マツカゼソウ
初秋の樹林の道を歩くと、釣り鐘型の小さな花をつけたマツカゼソウが並んでいる。何とも爽やかな名前をもらったものだ。

●タムラソウ
9月頃、頂上からの東周遊道を下って行くと、テンニンソウ、サラシナショウマなどに混じって多く咲いている。

●サラシナショウマ
夏のお花畑の代表がシモツケソウなら秋はサラシナショウマだ。見事な群生が見られるが、他にこんなに群生する山はあるのだろうか。

●ワレモコウ
暗紫紅色の花は実のようだ。三合目の草原にツリガネニンジンやキンミズヒキに混じって風に揺れて咲く姿には、秋の風情を感じる。

●イブキトリカブト
トリカブトはなかなか見分けがつかないが、イブキトリカブトは直立して花がかたまって付いている。登山道から山頂で多く見る。

●イブキコゴメグサ
イブキの名を冠するコゴメグサは伊吹山と霊仙山だけに分布する。小米の名のとおり白く可愛らしい花である。静馬ヶ原の山腹で見る。

●イブキレイジンソウ
トリカブトを小さく地味にしたような花。伊吹山の固有種だが、アズマレイジンソウは奥美濃の湧谷山で見ている。

●アキノキリンソウ
ぎっしりと花を付け賑やかに群生するキリンソウに比べると地味な感じがする。いかにも秋の花らしい寂しげな様子もいいものだ。

●ヤマラッキョウ
三合目から五合目の草原に多い秋の花。花火のように放射状に伸びた花柄の先に紫の花を房のようにつける。美しい花である。

●リュウノウギク
伊吹山の最後を飾る代表的な花であろう。太平寺を訪れた早い雪の日。雪に震えるように道脇に咲く姿が印象に残っている。

●カメバヒキオコシ
亀の尻尾に葉が似ているからカメバ、舌を噛みそうな名だ。山を歩いているとよく見る葉なのだが、花は知らなかった。

●アキチョウジ
一輪挿しにさりげなく放り込むと合いそうだ。濃い紫に尖った花が並ぶ、少し寂しげな秋の草花らしい花である。

●ヤマジノホトトギス
南東尾根の藪を分けているとホトトギスを見る。花の形でヤマジノホトトギスと判明。初秋の山ではよく見る花である。

●アケボノソウ
緑の斑点と細かい紫褐色の点がばらまかれ、平凡ともいえる花に強いアクセントを与えている。その名とともに忘れられない花になった。

●オオナンバンギセル
三合目で写真を撮っていると草刈りをしている方からこの花が咲いていることを教えられた。南蛮キセルのとおりパイプの形である。

●ウメバチソウ
南東尾根の斜面、テンニンソウなどが茂った草原をかき分けて進んで行くと、少し開けた空間にウメバチソウが咲いていた。

●ゲンノショウコ
ハクサンフウロを小さくして色をもっとつよいピンクにした花。同じフウロの仲間で、白花もある。下痢止めの薬草として有名。

●テンニンソウ
初秋の正面登山道の上部から山頂お花畑にかけて群生する。淡い黄色のこの花と白いサラシナショウマが混じって咲くところも多い。

●リンドウ
山頂では早ければ8月末頃から見られる。どこの山でもよく出会うが、秋を代表する花として魅力がある。健胃薬として使われる。

《薬草の宝庫・伊吹山》

伊吹山は薬草の宝庫として古くから知られ利用されてきたが、その代表的なものが「伊吹もぐさ(艾)」である。艾はヨモギの葉の裏側にある産毛のような白い毛から作られる。伊吹山は草原が発達しており、良質のヨモギがとれる。かつて中仙道柏原宿には十軒ほどのもぐさを扱う店があったといい、伊吹艾の名を全国に知らしめた。現在でも、寛文元年(一六六一)創業の老舗である、「伊吹堂亀屋佐京商店」が唯一商いを続け、どっしりとたたずむ建物に往時の姿を今にとどめている。

ヨモギとともに伊吹三大薬草とされているのが、トウキ、センキュウで、さらにいくつもの植物を配合して伊吹山麓の滋賀県側、岐阜県側の春日《かすが》谷で、伊吹百草の名で百草茶や浴用の百草湯として盛んに生産されていた。岐阜県側の揖斐《いび》川町春日谷では、今も人々の生活の中に普段から薬草と接した文化が息づいている。薬草として使用されている代表的なものには、ドクダミ、ゲンノショウコ、トウキ、センキュウ、オオヨモギ、イブキジャコウソウ、カワミドリ、カキドオシ、シシウド、ウツボグサ、オトギリソウなどがある。

ゲンノショウコ

イブキジャコウソウ

シシウド

ウツボグサ

Ⅱ
伊吹山に登る
――一般登山コース

笹又の山道で

笹又の道を登って行くと賑やかな声が聞こえていた。浅い緑が広がる草の斜面、木漏れ日が差す雑木林の中で、地元のおばちゃん達が山菜採りに精を出していた。近づくと一息ついていたが、賑やかな声だけは変わらず続いていた。

緑が充満した道端に、つるを編んだ籠が転がっているのを見ると、春の山にいる心地よさを強く感じさせてくれた。

そんな籠の横を歩きながらふと見ると、ヤマブキソウの鮮やかな黄が一輪、籠の中から覗いていた。

伊吹山頂上へと登る登山道は、**上野から登る正面の登山道一本**しかない。笹《ささ》又《また》道、北尾根道は静馬《しずま》ヶ原で合流したあと、ドライブウェイしか登る道がなく、ドライブウェイが歩行禁止の現在では、山頂まで登ることができない。これだけ登山者が多く有名な山でありながら、一本の登山道しかない山というのは珍しいのではないだろうか。

正面登山道は三合目までゴンドラ（季節運転）があるので、一合目から三合目まで歩いて登る人はかなり少なくなっている。全体に整備されまったく問題のない道だが、樹林帯がほとんどないので、夏期の強い日差しには注意が必要だ。**弥高《やたか》尾根**、**上平寺《じょうへいじ》尾根**は途中で合流し、道は細々ながらも五合目まで続いているが、分かりにくいところもあり、両尾根合流部から五合目までは熟達者向きとなっている。弥高尾根には弥高寺百坊跡、上平寺尾根には京極氏の山城跡があって、尾根上の整備された遺跡からは湖北の平野や琵琶湖の大きな眺望が望める。両尾根を繋ぐ道もあって周遊するコースもとれ、花と歴史を巡る楽しいハイキングコースとなっている。

笹又、**北尾根道**は正面登山道にひけをとらない花の道で、整備された登山道が続いている。両コースともどこかで折り返すピストンコースとなるが、笹又、国見峠のどちらかに車を回送しておけば、両コースを通して縦走することもできる。花を巡るコースとして、正面登山道では出会えない花もあるので、ぜひ歩いておきたいコースである。

三島池からの伊吹山

山頂のお花畑の広がる山上台地には8の字を描くように周遊路がつけられている。北斜面にあるドライブウェイと山頂を結ぶ道で、お花畑を楽しみながら周遊できるコースとなっている。東西の遊歩道と中央遊歩道があり、西遊歩道が整備され歩きやすい。一周約一時間の行程。

伊吹山へと登るコースの他、姉川上流の甲津原《こうづはら》の奥、瀬戸山谷にある奥伊吹スキー場から登る**ブンゲン**（射能山《しゃのうざん》）を本書では加えている。少し離れているが同じ姉川流域の山として取り上げてみた。花崗岩の山で伊吹山とは違った雰囲気があり、春の残雪期は県境尾根を伊吹山まで縦走することもできる。ブナ林が美しく花の多い山である。

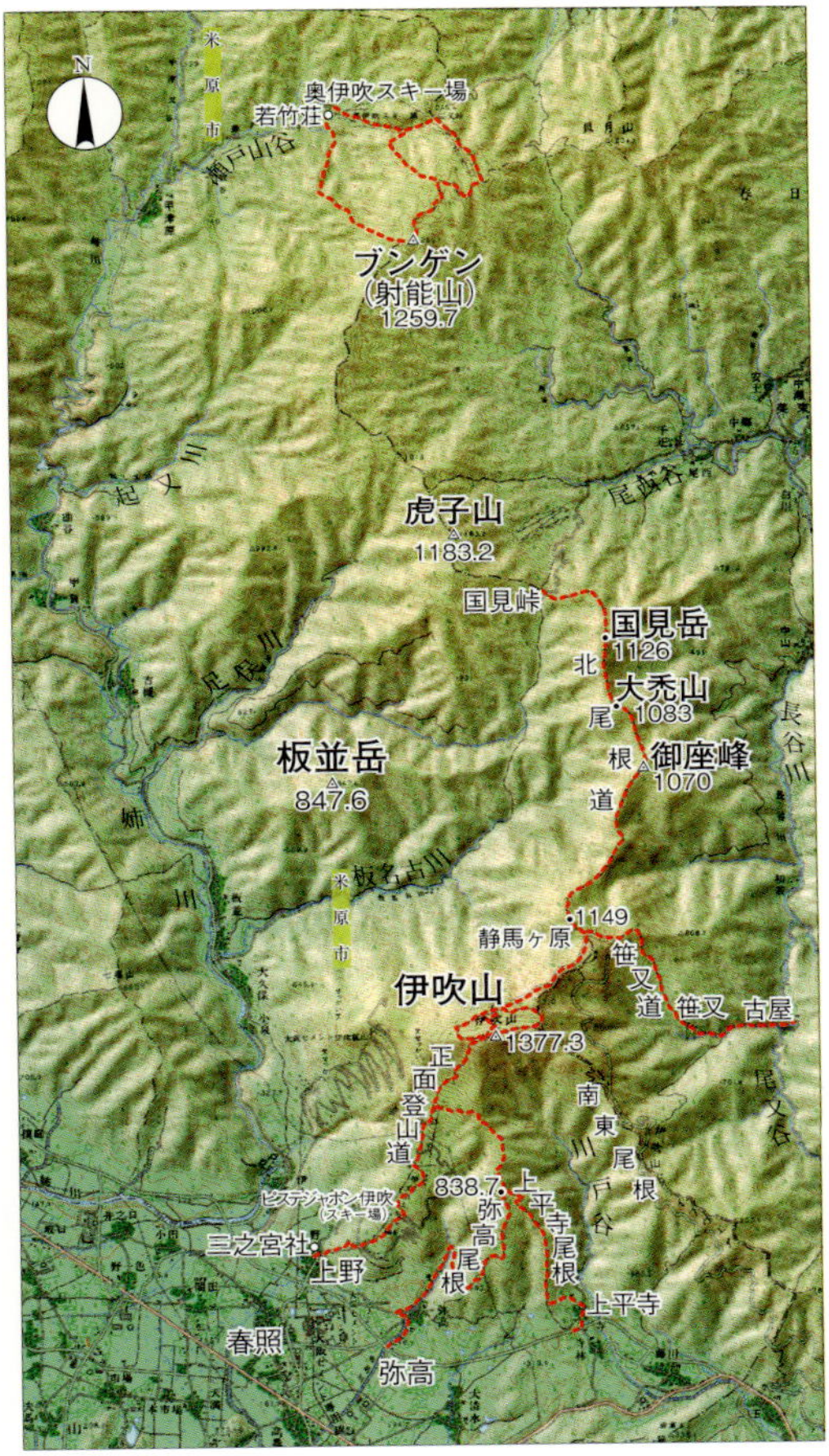

地図は「カシミール3D」による

九合目から頂上へ

上平寺尾根《じょうへいじおね》●

上平寺（1時間15分）上平寺城跡（1時間45分）五合目（30分）三合目

上平寺尾根は弥高《やたか》尾根と並行した東側の尾根で、登山道は上平寺集落の伊吹神社の横から登っている。この尾根は上部で弥高尾根と合流して、中尾根として伊吹山頂上へと突き上げているが、登山道は弥高尾根とひとつになってから左へとトラバースして、正面登山道の五合目に出る。上平寺尾根上には京極氏の山城、桐が城の遺構があり、発掘整備されている。この城跡までは道も整備されているが、歩く人は比較的少ない。

「ジョイ伊吹」に車を置き上平寺まで歩いた。**伊吹神社**の本殿へと上がる石段のところに、桐が城（上平寺城）として道標が立てられていた。約五〇分と書かれている。五〇分なら向かい合う弥高百坊と同じくらいの高度かと推測した。

石段から左に小さな谷へと回り込み、流れを渡って尾根に取り付いた。流れ脇にはスミレやショウジョウバカマが開き始めていた。尾根への登りは植林帯の中で、五万図にも破線が記されている。山仕事の道として使われていたのだろう。上平寺城の調査も行なわれているので、しっかりとした道が続いている

伊吹神社の石段

が、ところどころで倒れ込んだ木が道をふさいでいた。

尾根へと登りだしてすぐに、左から掘り込まれた道が登ってきて合流した。この道は上平寺集落の西の小さな谷から登ってきている、二万五千図にある道であろう。植林が続いている尾根を登って行くが、この道が京極氏の山城があ

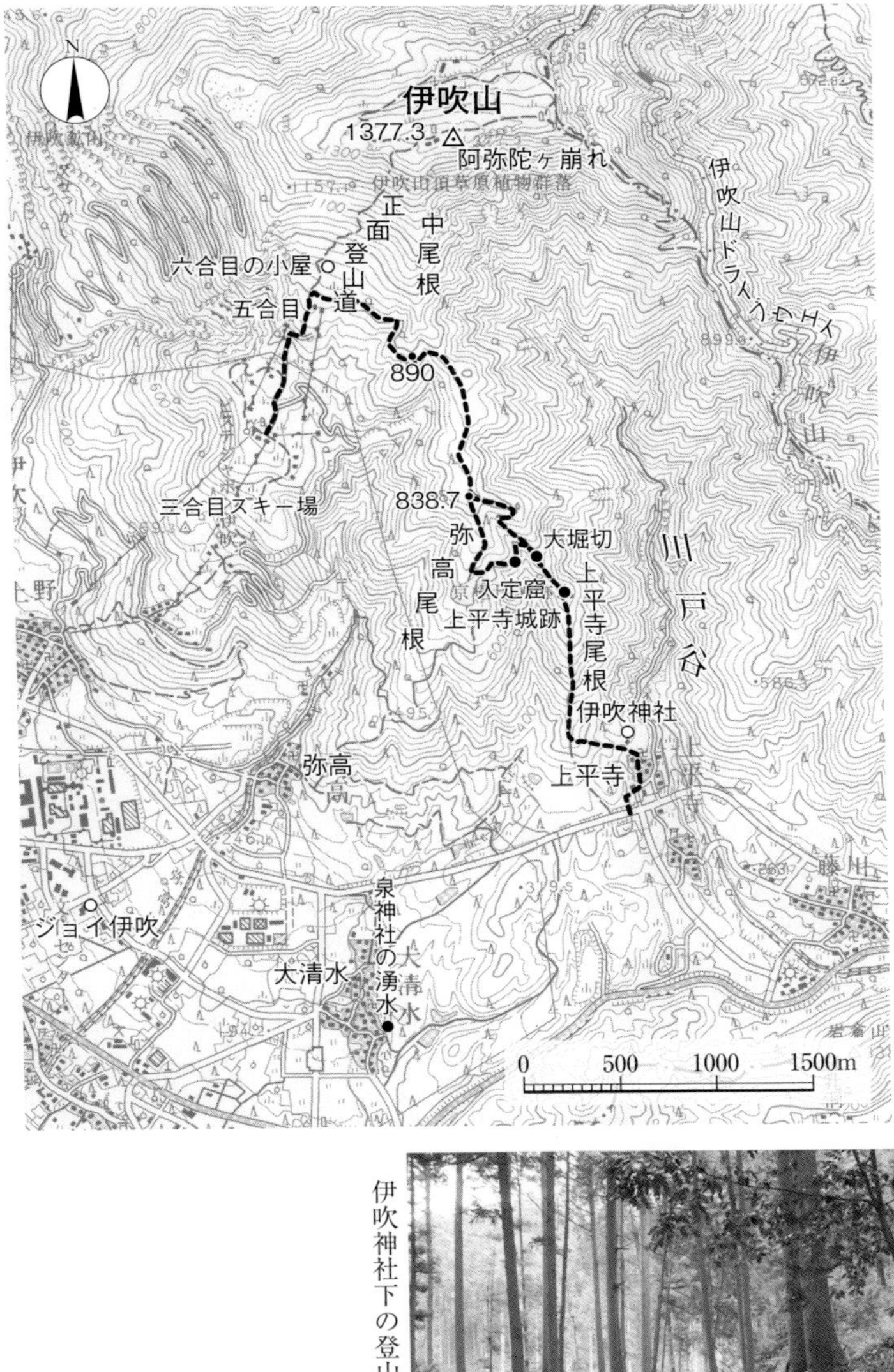

伊吹神社下の登山口

った時代から続いてきた道なのだろうか。上平寺城の遺構へと入ったあたりから雑木林へと変わった。雑木林の中に入ると、眼下に景色を望めるようになる。城跡からはどの程度の城であったかはなかなか想像できないが、かなり規模の大きなものだったようだ。**本丸跡**は草地となった広場で、休憩するにはいいところだ。向かい側には寺跡が残る弥高百坊の尾根も見えている。弥高尾根ではかなり花も咲いていたのだが、ここでは谷で見たきりで全然花がなく、ここにきてやっと数株のミスミソウと出会えた程度。ここはもともと少ないのか、今

上平寺城本丸跡の広場

上平寺尾根・大堀切コル

弥高・上平寺西尾根の連絡路にある宝篋《ほうきょう》印塔

弥高・上平寺両尾根の連絡路にある入定窟

年の雪の影響で花が遅れているのだろうか。
大堀切《おおほりきり》というコルをすぎると、左に弥高百坊と記された道標があり、道が分かれている。あまりしっかりとした道ではないが、小さな谷を渡って山腹をいく道で、弥高百坊跡や弥高百坊への登り口の林道終点につながっている。昔からあった道で**入定窟**や多くの遺跡が残され、ぜひとも歩いておきたいコースである。また、この先の伊吹山の五合目までの道の状態もよくないので、ここから弥高尾根へと周回できる貴重なルートとなっている。

上平寺尾根の道はこの上あたりから尾根を離れて左谷の山腹道となる。そして弥高尾根と合流する一つ手前のピークへの登りで、再び尾根上へと戻り、少し登ったところで弥高尾根と合流する。二万五千図上の合流点より少し手前だ。ここにも道標が立てられている。右手には大きな谷をはさんで、ドライブウェイが走る県境尾根が広がっていた。昨年歩いた上平寺越のコルも見えており、峠道らしきものがないかと目で追ってみたが、分からない。

△八三八・七mのピークを過ぎると伐採地となって下草が刈られて見晴らしがきき、**三合目のスキー場斜面**も見えている。九〇〇mピーク手前の平坦な尾根では昨年より残雪が多く道が分かりにくい。ここから尾根を左に回り込んで谷の源流を横断するのだが、ここもやはり残雪が多かった。

五合目の草地も**アマナ**が点在していた昨年と比べると、寒々としていた。

三合目から頂上を望む

五合目付近に咲くアマナ

弥《や》高《たか》尾根

● 弥高（1時間30分）弥高寺百坊跡（1時間40分）五合目（20分）三合目

伊吹山正面登山道の他に、滋賀県側からの登山道として、弥高と上平寺の両集落から二本の破線路が尾根通しに入っている。破線は両尾根が合流する△八三八・七mで終わっているが、実際はそのまま尾根を辿り、途中からトラバース気味に小さな谷を横切って一般コースの五合目に合流している。△八三八・七mピークからははっきりとはしない道だが、面白いコースである。伊吹山登山コースとしてはあまり知られていない道だったが、最近では歩く人も増えてきている。両尾根は合流して最後には伊吹の頂上まで突き上げている。この尾根を中尾根といって昔は頂上まで登る道があったというが、現在では道はまったくない。『伊吹町史』によると、この尾根の途中から川戸谷を横切って南東尾根から笹又に至る、横がけ道があったとも書かれている。遠くは焼き畑なども行なわれていただろうし、草刈りや炭焼き、また信仰のための道など、山には多くの道が存在していたのであろう。

伊吹山は古くからの山岳信仰の地としても栄えた山で、多くの寺院遺跡がある。中でも弥高尾根は大きな規模の寺があったことで知られており、発掘調査

悉地院

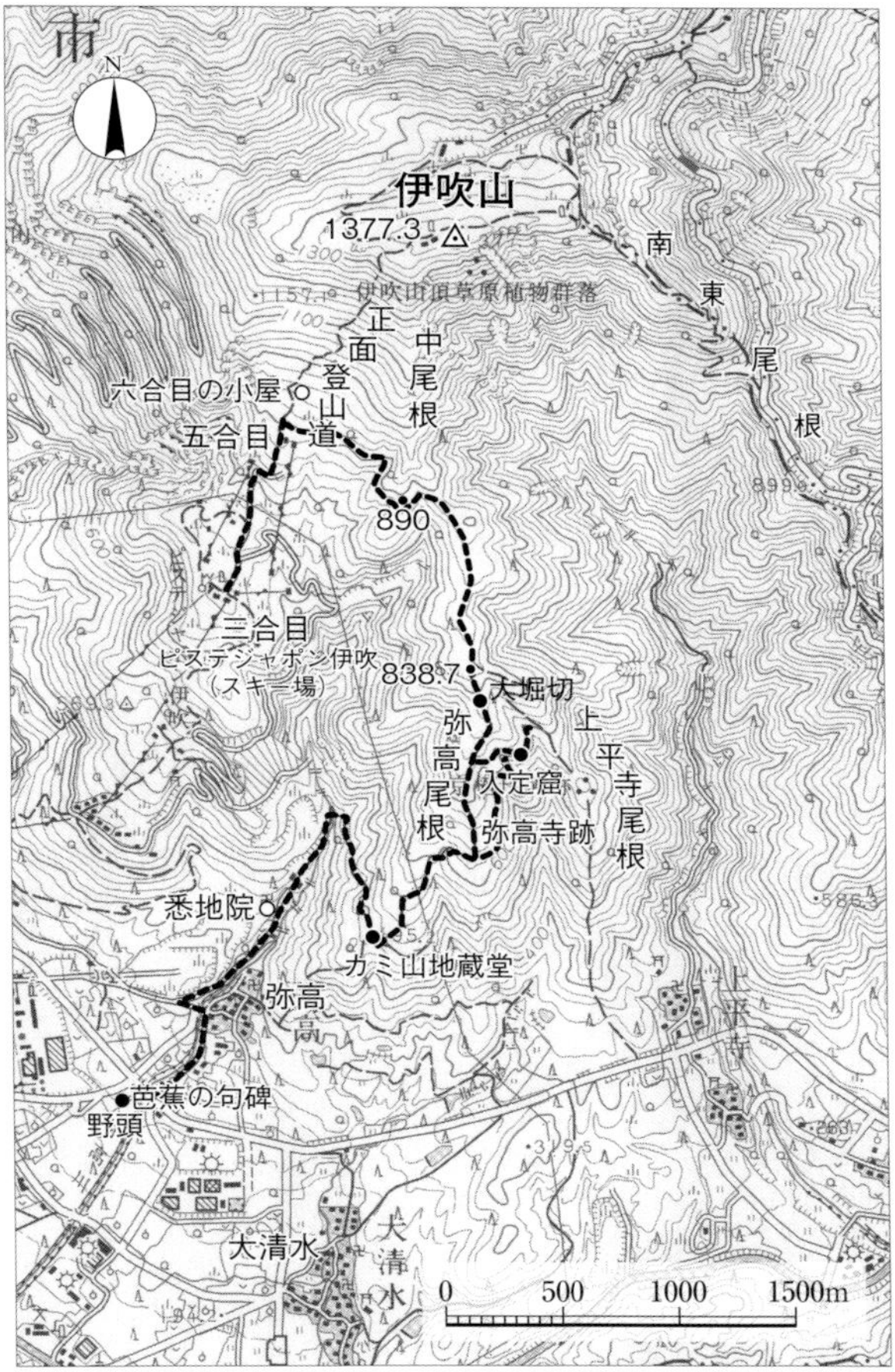

もなされ研究も進んでいる。この伊吹山四箇寺のひとつ弥高寺跡まではしっかりとした道があり、花のコースとしても楽しい道の一つとなっている。

弥高川に沿った道から**悉地院**《しっちいん》を過ぎ採石場を抜けて尾根へと切り返しながら林道を登って行く。路傍にはスミレ類が多い。弥高集落の東から上がっている破線と合流する四九五・二mには**カミ山地蔵堂**が祀《まつ》られており、ここで林道と分かれて登山道へと入った。笹の中にはカタクリも咲き出している。少し登っ

カミ山地蔵堂

たところで再び林道と合流し、そしてさらに林道を登って分岐を右へと進むと、林道の終点となる。ここからは右に弥高尾根の山腹を巻いて、上平寺尾根へとつながる道が分かれている。

弥高寺跡への尾根道を登り始めると、もうすぐこの上が**弥高寺跡**で、段差がついた遺構がある。広々とした草地で、眺望が広がる気持ちのいいところだった。ここまで登るとアマナの可憐な白い花が散らばっている。一人熱心に写真を撮っている人がいて、声を掛けてみるとスミレだけを撮っているという。

花が多く道もしっかりと踏まれた素晴らしい尾根だが、ほとんど歩く人もない。緩やかな登りにはスミレが多く、**ヒゴスミレ**が見られた。切り返すような大堀切を登ると**カタクリ**も咲いていて、古道の雰囲気を残した気持ちのいい登りだった。

静かなコースだし道もしっかりとしているが、上平寺尾根と合流し△八三八・七ｍまで登ると、手入れのされていない道となる。ここは伐採地で植林された木々もまだ小さく、大きな眺望が開けている。眼前にはドライブウェイが走る伊吹山主稜が、川戸谷をはさんで大きく望め、目を転じると三合目辺りが覗く先に湖北の平野が広がっている。細い尾根の伐採地を登ると次第に踏み跡が分かりにくくなる。九〇〇ｍピーク手前は緩やかな台地状の尾根で、踏み跡が交錯し雪が残っているとき迷うところだ。ここはすぐ前の九〇〇ｍピークへは登らず、左の植林地の斜面に入ると踏み跡がある。少しピークを巻きコルに

大堀切に咲くカタクリ

弥高寺大門跡

弥高尾根から伊吹山を望む

出ると、尾根はここから頂上まで一気に延び上がっている。

再び斜面の巻き道が続くようになり、小さな谷の源流部を横切って尾根を越えると、また谷の源流部へと出てくる。流れを渡って左の溝状の谷へと入り、少し登ったところで左に斜面を登る踏み跡がある。灌木帯の斜面をトラバースしている道で、春は林床にはフッキソウが多く見られる。

しばらく雑木林の中の山腹道を歩き、草原が出てくるようになるともうそこが五合目だ。枯れたススキの中にアマナがいっぱいに花をつけている。春の花を訪ねる山歩きなら、三合目から二合目にかけてはセツブンソウやミスミソウ、アマナを始めとして、多くの花と出会うことができるコースとなる。ゴンドラで下るより歩くことを勧めたい。

五合目への山腹道

ヒゴスミレ

キランソウ

正面登山道

● 上野・三之宮神社（1時間40分）三合目（2時間10分）頂上

伊吹山への登山者の一〇〇％に近い人が登る道である。正面登山道としたが、普通何と呼んだらいいのだろうか。伊吹山登山といえばこの道を指すので、道を示す名はない。しいていえば伊吹山登山道だけでいいのだろう。

伊吹山はこれだけ登る人が多く、山域も広いのに、頂上まで登る登山道はこの一本しかない。笹又《ささまた》や北尾根からも登山道があるが、静馬《しずま》ヶ原から上は、現在では歩行禁止のドライブウェイしか頂上へと登る道がない状態となっている。静馬ヶ原の上の一二〇六・三mから頂上へと続く尾根にある破線路の復活を望みたいが、下にドライブウェイが走っているだけに落石が心配だ。頂上まで何とか安全な道を確保してもらいたいものである。

登山道は麓の上野の**三之宮神社**から登り始めるのだが、ゴンドラがあるので、ほとんどの人はゴンドラで三合目まで上がって歩き始める。春浅い頃なら、花もほとんど咲いていない山頂まで登らなくても、三合目まで歩くだけで数多くの花を見ることができるので、三合目までで十分な一日コースとなる。また弥高《やたか》尾根や上平寺《じょうへいじ》尾根から五合目へと歩いて、三合目から上野へと下る、花と

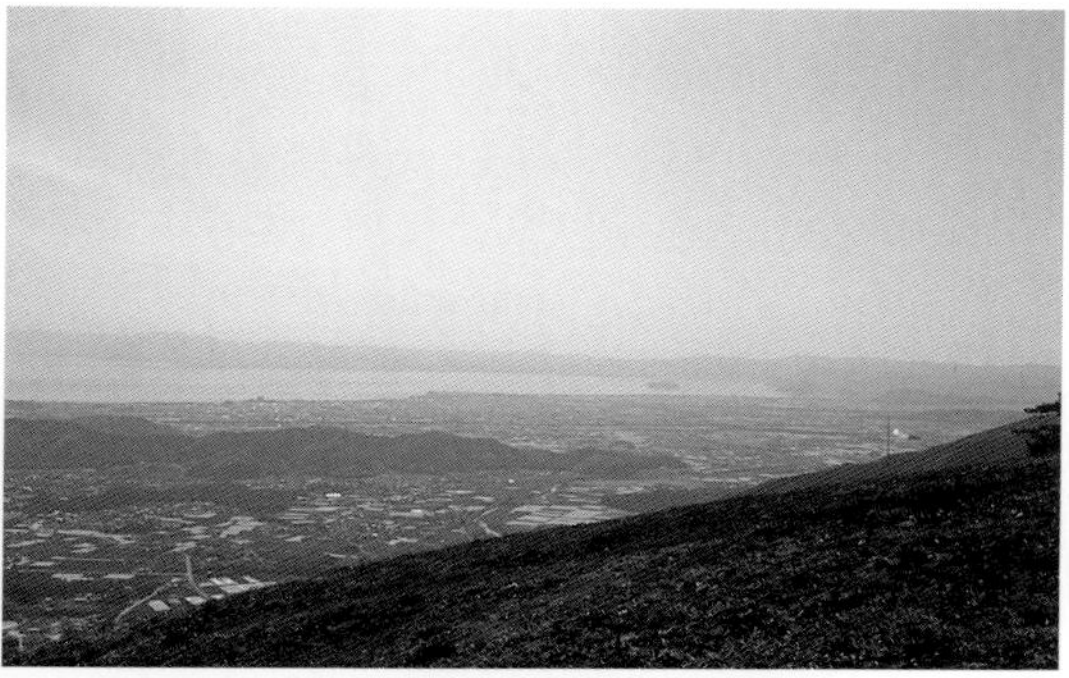

三合目付近から琵琶湖を望む

三之宮神社のケヤキ

歴史のコースもあるので、三合目から下の登山道ももっと歩いてほしいものだ。

三之宮神社の右から登るとすぐに、**ケカチの水**という湧水《ゆうすい》が流れ出していて、ここから一合目への登山道が始まる。一合目まではほとんど杉の植林地の広い道で、ジグザグを切りながら登ってゆく。春浅い時期はミスミソウやヤマネコノメソウが咲いている。

一合目で左から上がってくる車道と合流する。以前あった登山リフトの終点だ。ここはスキー場の一番下で山小屋が並んでいるが、最近ではここまで滑れるほど雪が積もることはあまりなく、パラグライダーを楽しむ人たちが多い。

ケカチの湧水

登山道はゲレンデの真ん中を登ってゆく。右にこんもりとした**しゃくじの森**にある松尾寺から、登山道は左へ回り込んでいく。ゲレンデ以外は笹やススキの原で、春から夏、その縁にはさまざまな花が見られる。三合目の下の広い斜面に上がると、セツブンソウの群生地があり、アマナやミスミソウ、タチツボスミレなど、早春には楽しみなところだ。

三合目はゴンドラの終点で、ほとんどの登山者はここから登り始める。付近はたおやかに草地が広がり、春から秋にはさまざまな花が咲き乱れる。この高度でこんなに花が豊富なところは他にあるだろうか。北側にはこんもりとした樹林が包むタカヤと呼ばれる小山があり、雑木林の中に遊歩道が設けられている。その北は荒々しいガレ場の広がる大富川《おおとみ》が深く切れ込んでいて、下には太《たい》平寺《へいじ》の集落があった。ここは倉《くら》の内《うち》と呼ばれている。倉の内の滝には不動明王が祀られ、上の八合目付近には平等岩《びょうど》（行道岩）があって、昔は太平寺の修行僧の行場となっていたところだ。修行中の円空も、こんな険しい尾根や谷を歩き回っていたのだろう。この三合目からは樹林のない草地の大きな斜面が立ち上がり、頂上まで一望できる雄大な眺望が望める。

登山道は五合目あたりまではゆったりとした登りが続くが、**六合目の避難小屋**あたりからは、傾斜を増してじぐざぐを繰り返すようになる。春から夏は色鮮やかにさまざまな花が咲き、登りのつらさも慰めてくれる。イブキトラノオ、イブキトリカブト、ホタルブクロ、オオバギボウシ、カワラナデシコ、カラマ

しゃくじの森（松尾寺の横）

六合目の避難小屋

ツソウ、キバナノカワラマツバ、ハクサンフウロ、などなど、季節によりその環境に応じた多くの花々が目を楽しませてくれる。七合目から険しくなり、頂上台地の端の九合目まで急登が続く。登るにつれ花もさらに増え種類も次第に変わってゆく。八合目あたりにはイブキジャコウソウの花が見られる。

九合目が大きく広がる山頂台地の端で、左に急崖沿いの道は山頂周遊道の西遊歩道となり、頂上へは真っ直ぐに緩やかな登りが続いている。粘土状の掘り込まれた道で、つるつると滑るので、雨後などは特に注意が必要だ。

頂上は小屋が建ち並んでいて、その横にヤマトタケルノミコトの石像が建てられている。晴れた日には雄大な眺望が広がる。また南側の川戸谷に切れ込む崖縁に立つと、濃尾平野からさらに伊勢湾まで見晴らすことができ、西側も湖北の平野と点在する小さな山々、そして青い琵琶湖の広がりが眼下に望める。花ばかりでなく展望も超一級品だ。

八合目付近を行く

花が咲き乱れる八合目付近を登る

六合目付近を下る

山頂周遊道

●山頂駐車場から駐車場までの一周約１時間

山頂台地には８の字を描く周遊道がつけられている。広い山上はそれぞれに環境も違うので、周遊道を巡って多くの花を楽しんでほしい。

伊吹山ドライブウェイの山頂駐車場から、山頂部のお花畑を巡る周遊道が設けられている。道は緩やかに広がる山上を８の字型を描くようにつけられており、びわ湖側を眺める西遊歩道、中央を真っ直ぐに登る中央遊歩道、眼下にドライブウェイを見下ろす岐阜県側の東遊歩道と分けられている。西遊歩道もしくは中央遊歩道から山頂へ登って東遊歩道（下り専用）を一周できるのだが、同じ山頂であっても地形や気象条件も違うので、場所によって咲いている花も変わっている。

周遊道はよく整備された道だが、石灰岩の岩や粘土質の道は大変滑りやすく、天気の悪い日はさらに条件が悪くなるので、汚れても良い服装と、しっかりとしたトレッキングシューズが望ましい。西遊歩道は砂利などもまかれて比較的よく整備されているが、東遊歩道は岩の出ているところも多いので注意したい。トレッキングシューズなどの装備がなかったり小さいお子さん連れの場合は、

西遊歩道を歩く

日本武尊像

中央遊歩道を登って西遊歩道を下るコースを奨めたい。中央遊歩道は真っ直ぐに頂上へと向かうコース。傾斜が強いが階段状に道が整備されており、最短時間で登れる。

西遊歩道は山上台地の西端をゆくコースで登る人も多い。初夏にはクサタチバナ、初秋にはサラシナショウマ、フジテンニンソウの大群落が見られる。伊吹山特産種のルリトラノオはこの西側に咲いている。五月頃に山頂近くまで登ると斜面が一面のニリンソウで埋まる見事なお花畑が広がる。歩きやすくてびわ湖の眺望が素晴らしいコースである。

山頂一帯には伊吹山寺の祠があり、山小屋が並んでいる。山小屋の横の高台に**日本武尊《やまとたけるのみこと》像**があり、ここが一番山頂らしいところだが、三角点はもう少し東側の測候所横にある。ここからは北側が大きく開け、白山《はくさん》や乗鞍岳《のりくらだけ》、御嶽《おんたけ》などを展望する大パノラマが得られる。この横には花壇があって、伊吹山の花を集めて育てられている。

小屋から東へお花畑を抜けると測候所がある。ここのお花畑もシモツケソウの群落をはじめとして美しい花園を作っているが、中でもピンクの**イブキジャコウソウ**に敷き詰

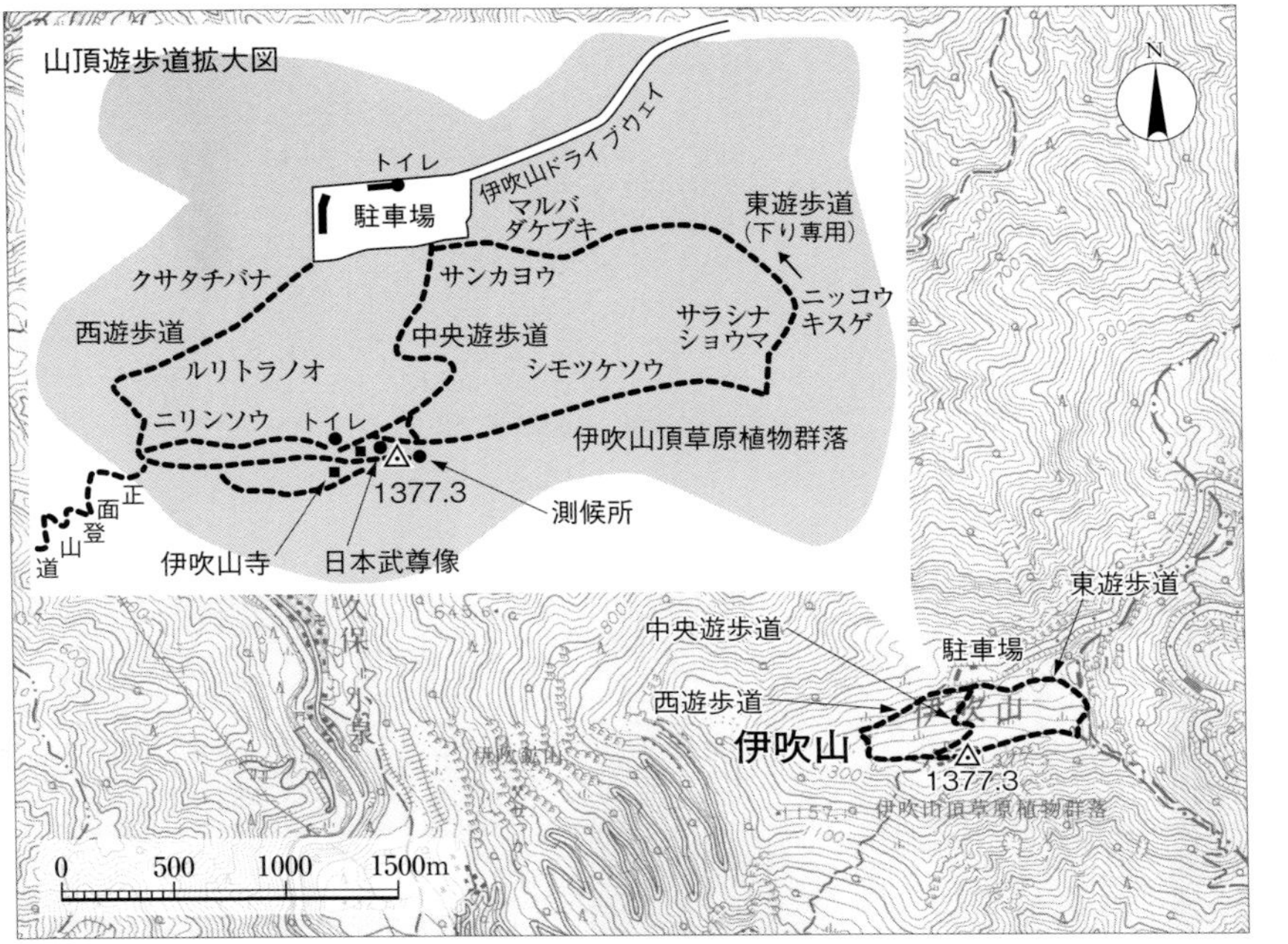

められた石灰岩の岩肌の広がりは見事だ。**測候所**に出ると、南側には川戸《かわと》谷へと急崖が一気に切れ落ちている。濃尾平野の大きな眺望が広がっており、天気がよければお昼をとるにはもってこいの場所である。最近では雪はあまり降らなくなったが、測候所横の吹き溜りで十一mという日本最高の積雪を記録している。

測候所の前から東へとゆったりした起伏の中に小道が続いている。これが**東遊歩道**で、夏の最盛期にはお花畑が広がるところである。シモツケソウやクガイソウ、メタカラコウ、シシウドなどを中心とした大群落を形成し、多くの花が観察できる。この道は山上台地の崖縁に沿って北へと曲がり、しばらくは急な下りとなる。歩きにくい下りなのでスリップしないようにゆっくりと下りたい。右下にドライブウエイを見ながらの下りで、遠くに奥美濃の幾重にも連なる山並みが望める。初秋にはフジテンニンソウやサラシナショウマが群生し、イブキトリカブトやタムラソウなどが多い。初夏はニッコウキスゲが崖縁に多く咲いている。やがて道は再び左へとカーブしてゆく。足元はカレンフェルトの突き出しが多くなり、滑りやすくなってくる。また草原地から笹や灌木帯と変わってきて、咲いている花も地味な花が多くなる。滑りやすい道に注意しながら進むと、駐車場の車の音が響いてくる。もう少しだ。右にこの遊歩道ではここぐらいしか見られない、バイケイソウやマルバダケブキが咲き、春にはオオイタヤメイゲツの林床にサンカヨウやニリンソウが見られる。右に駐車場が見えると左から**中央遊歩道**が合流して駐車場へと階段を下る。花が多くて楽し

測候所付近のイブキジャコウソウ

山頂東遊歩道のお花畑

い周遊道だが、山慣れない人にとってはかなりハードなコースだと感じることだろう。

夏の最盛期では、この山頂周遊道を訪れる人はかなりの数になるが、あまりに整備しすぎて環境に大きな影響を及ぼさないようにしたいものである。オーバーユースをはじめとしたさまざまな環境への問題が問われているが、まず伊吹山を歩く人一人ひとりが、貴重な自然であるということを認識し、その素晴らしい自然の中を歩く楽しみを知ってもらうことが、環境への諸問題に取り組む第一歩ではないだろうか。

山頂から琵琶湖を望む

《伊吹山のヤマトタケル伝説》

ヤマトタケルノミコトは『古事記』には倭建命、『日本書紀』では日本武尊とされ、第十二代景行天皇の皇子。

小さい頃からヤマトタケルの荒々しい性格を恐れた父景行天皇は、十六歳になったタケルに西国のクマソタケルの征伐を命じる。平定してもどったタケルに今度は東征の旅を命じ、タケルは日本中を戦で駆け巡った。

ようやく妻のミヤズヒメのいる尾張に戻ったところで、伊吹山に荒ぶる神がいることを聞いて、タケルは草薙剣を置いたまま伊吹山に征伐に向かう。伊吹の山の神は白い大きな猪に化けて行く手をさえぎったり、氷雨を降らせて苦しめ、タケルは敗れて山を下りた。居醒《いさめ》の泉で少し回復したが、やがて伊勢に入ると、病はさらに悪化し亡くなってしまう。

英雄として語られるヤマトタケルが命を落とした伊吹山は、荒ぶる神の山として畏怖すべき山として考えられていたのだろう。伊吹の自然のエネルギーが、古代の人々にこの山の存在感を強く感じさせていたものと思われる。戦いに敗れたタケルが休息したのが居醒の清泉といわれているが、伊吹山麓には、春照の「臼谷・小碓《こうす》の泉」、上野の「ケカチの水」、醒ヶ井の「居醒の清水」、大清水の「泉神社の湧水」、関ヶ原の「玉倉部《たまくらべ》の清水」、垂井の「垂井の泉」などの湧水がある（一五二ページ参照）。

笹又道《ささまた》●笹又（1時間45分）静馬ヶ原

近年、笹又《ささまた》から静馬《しずま》ヶ原へと歩く人が随分と多くなった。畑地を抜け、樹林の道を登り、開けた草原をトラバースして静馬ヶ原に至るコースは変化があって、伊吹山三合目からの正面登山道とはまた違った良さがある。登山者が多くなったとはいってもまだまだ静かだし、花の楽しみも正面登山道にひけをとらない。春のゴールデンウィークの頃なら、北尾根とつないで歩けば、さらに見られる花の種類も増え、まさに花のゴールデンコースとなる。この頃はまだ山頂部の花の種類も少ないので、花を楽しむには笹又道や北尾根道の方が楽しいコースとなるだろう。

笹又の魅力は、何といってもこの地形の妙にあるのではないだろうか。巨大な伊吹山の山裾奥深く、ぽっかりと開けた桃源郷のような地は、かくれ里そのものだが、現在では住む人もない地となっている。もともとは下流の川合あたりの人によって開かれ、やがて定住するようになったのだろう。今もそんな遠い時代の匂いを残しているように思うのは、水田がないせいだろうか。

古屋から賤野谷《ざいの》を登ると**さざれ石公園**があり、ここが登山口となる。さざれ

笹又の畑上部から伊吹山を望む

さざれ石公園にあるさざれ石

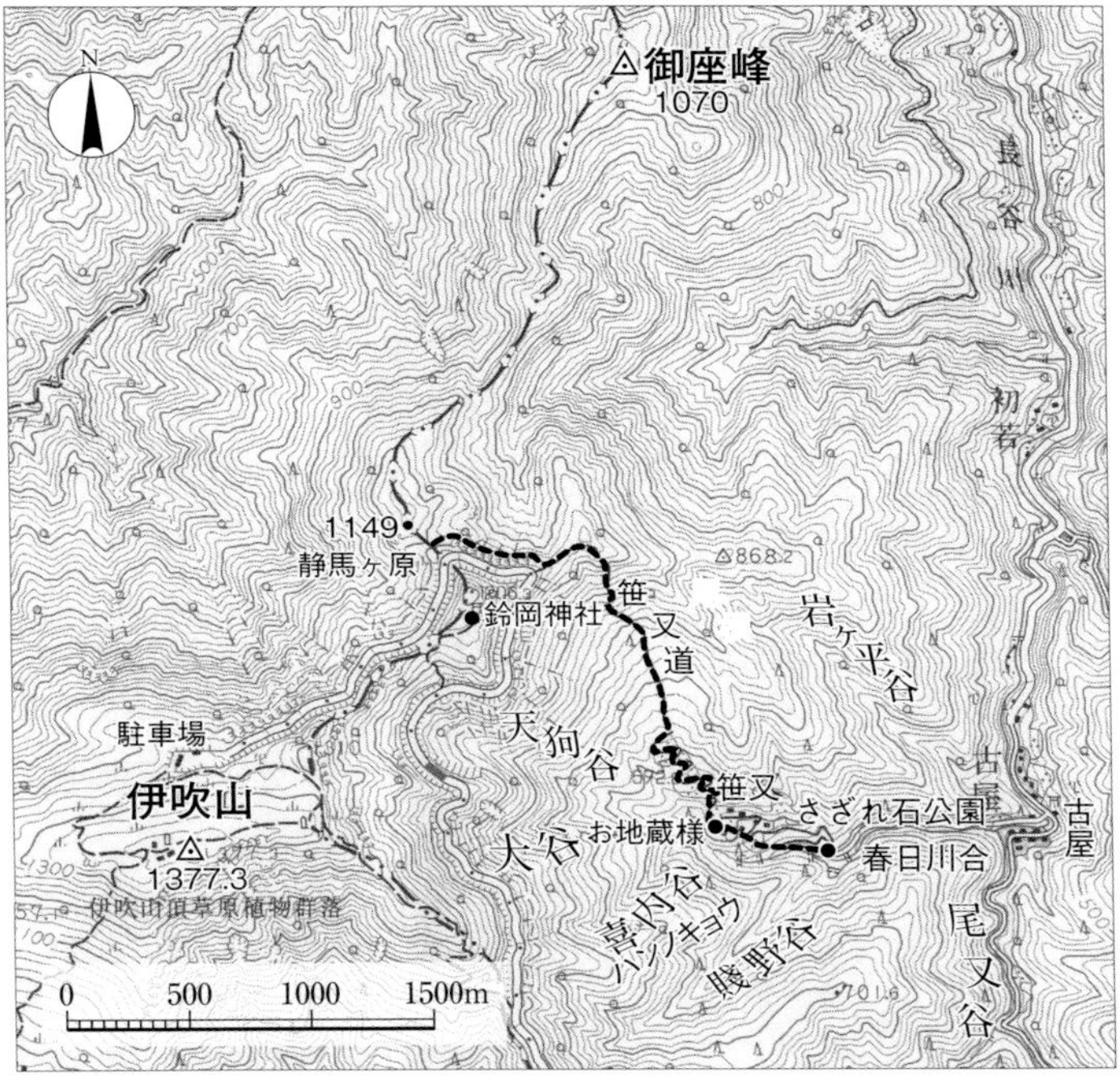

石はこの一帯で産する岐阜県の天然記念物で、学名を石灰質角礫岩という。これは石灰質が雨水で溶け、その時生じた乳状液が小石を凝結して岩となったもので、「さざれ石の巌となりて　苔のむすまで」と日本の国歌に詠われている。

さざれ石公園には巨大な**さざれ石**が祀られている。

暗い植林地から登り始めると、開けた尾根状の斜面に出て、アスファルト道に出合うと東屋があり、すぐ上の広場に**お地蔵様**がお祀《まつ》りされている。この石仏が播隆修行跡にあったというもので、明治になってからここに移されたも

樹林の中の笹又道

播隆屋敷跡にあったお地蔵さま

のだ。

この伊吹山の懐深く開けた谷間の笹又は、斜面には茶畑があり、畑が広がっている。登山道はそんな畑地を縫って続いている。畑地の上部には駐車場があり、ここで夏になると刈られた**薬草が干されている**。薬草の山として知られた伊吹山ならではの風景である。

もう少し畑の横を登ると、畑は終わり山へと入る。この畑地の最上部付近は、春にはカタクリやエイザンスミレが見られる。登山道はさまざまな花が咲き乱れる草原の明るい道で、ドライブウェイの通る南東尾根を仰ぎ見ながら登って行く。樹林の中に入ると傾斜を増すが、ジグザグを繰り返すので、きつさは感じない。樹林の中では春はヤマブキソウ、夏はフシグロセンノウが鮮やかな色彩を放っている。さらに登ると再び草地が現れる。草原になると花の種類も増え、夏はシデシャジン、コオニユリ、オオバギボウシ、カワラナデシコ、キオンなどさまざまな彩りに包まれる。

やがて斜面からコルに出ると、風が吹き渡る展望が開けた尾根道と変わる。すぐ上にドライブウェイが近づいているが、道は樹林に入ったところで、右へとドライブウェイと並行する急な草地の**トラバース道**となる。この分岐となる小さな樹林帯は砂漠のオアシスのようで、周りの草地とは咲く花も違っている。私はここをワンダーアイランド（不思議の島）と秘かに名付けている。花の季節が始まるとニリンソウが道の両側に続き、少し遅れるとヤマトグサ、コケイ

駐車場に干されている薬草

ドライブウェイ下のトラバース道

ランなども見られた。夏はここと北尾根に咲くギンバイソウがあり、初秋にはマネキグサも見られる。

トラバース道はまるで北アルプスのお花畑を思わす道で、谷が急斜面となって切れ込み、北尾根を望む素晴らしい風景が展開する。夏の終わりにはイブキコゴメグサやウメバチソウが見られる。急斜面は進むにつれて浅い谷となって、伊吹山から分かれた北尾根の付け根となるコルへと出る。ここは**静馬ヶ原**と呼ばれ、笹原が広がる山上の別天地で、爽快な風が吹き抜ける。早春には原の斜面のそこここにザゼンソウが顔を出す。ドライブウェイがすぐ上に走っているので、車で来てこの上で駐車して、笹又道や北尾根を歩く人も多い。ただ、頂上へはドライブウェイが歩行禁止となっているので行くことができない。普通に歩けば笹又からここまでそんなに時間がかからないので、北尾根へと足を伸ばす人も多い。御座《ごぜ》峰くらいまでは十分に往復可能だ。北尾根に入れば、また違った花と出会えるので、もう少し歩いてみたい。

ゆったりと草地が広がる静馬ヶ原

静馬ヶ原の手前を行く

北尾根道

●静馬ヶ原（1時間10分）御座峰（30分）大禿山（30分）国見岳（30分）国見峠

北尾根は伊吹山から北東に派生した尾根の一二〇六・三mピークから、北へといくつものピークを連ねている尾根で、岐阜の大垣山岳協会によって、静馬《しずま》ヶ原から国見峠までの登山道が開かれた。当初は今ほど歩く人もなく、コース状態もそんなに良くなかったが、現在では国見林道が県境尾根を横断してアプローチもかなり便利になり、春の花の季節は駐車場も車で埋まるほどの人気コースとなっている。

自然林が多いので秋の紅葉も見事だが、北尾根コースの楽しさはやっぱり春だろう。とにかく多種多様の花と出会うことができ、何度訪れてもあきることがない。山稜は樹林帯の中に草原が点在しており、伊吹山の山頂や正面登山道とは違った花が見られるし、景観的にも独立峰的な正面登山道のコースとは違い、伊吹の山頂を眺めながら、次々とピークを越えてゆく縦走形式の奥行きのある登山が楽しめる。しかしこの尾根一本に登山道があるだけで両側の支尾根にはまったく道がないので、笹又などの下山地に車を回しておくかしなければ、どこかで折り返して往復コースとするしかない。最近ではドライブウェイの静

国見岳の尾根道，林床には多くの花が咲く

馬ヶ原の上に車を置いて往復する人が多いようだ。

北尾根は何度も歩いているが、そのほとんどがやはり花の多い春である。そんなシーズンから少しずれた六月の第一週に笹又から国見峠まで歩いているので、その頃の様子を紹介してみたい。笹又から静馬ヶ原までは笹又の項で紹介しており、コースは静馬ヶ原からとした。

六月といえば花の端境期という印象がある。種類は春ほど多くなく、夏のよ

北尾根道を国見岳へと歩く

うな彩りにも欠けるが、花はまだまだ楽しめ、春から秋までどの時期に訪れても新しい発見があるものだ。**静馬ヶ原**からは一一四九mピークの登りから始まる。上まで登るとグンナイフウロがもう咲き始めていた。この周辺では伊吹山以外では見られない貴重な花だ。他にはコケイランやコウライテンナンショウ、ホウチャクソウ、ヒメフウロ、ハクサンハタザオ、ヒヨクソウ、タニギキョウ、ミヤマハコベ、ヒメレンゲ、ヤマブキソウ、フタリシズカなど次々と花に出会い、写真を撮るのに忙しくなった。木の花も多く、ウツギの白い花がずっと続いているし、ピンクのタニウツギや白い花のゴマギ、サワフタギなどが目立っていた。

一一四九mからの急な下りはゴールデンウィークの頃ならサンカヨウが多く咲き、ヤマシャクヤクとも出会うことができる。夏ならギンバイソウなどがあり、正面登山道の草原の花とは違った夏緑林帯の花が見られる。しばらくは樹林帯が続き木漏れ日が心地よい。コルまで下るとゆったりとした登りがしばらく続く。九八三mは岩のピークで、春浅い頃はハクサンハタザオの小さな白い花が一面に咲いている。ここからは伊吹頂上の眺めも素晴らしく、休憩にはもってこいの場所となっている。

前方には**御座峰**《ごぜ》のピークが見えだらだらと登って行く。御座峰はこの北尾根のちょうど中間点辺りで、頂上は広く伐り開かれて、木々に囲まれている。

ここからまだ大きなピークが二つあり、もう一度下ってから登り着いた頂上

北尾根のヤマツツジ

御座峰付近から伊吹山を望む

が**大禿山**《おおはげやま》となる。ここからは北、東側の眺望が開け、谷深く続く旧春日村の集落が見えており、奥美濃のはるかに重なる山並みが波頭のようだ。すぐ前には**国見岳**のずんぐりとしたピークが盛り上がっている。

再びしばらく下りが続くが、このあたりは樹林帯が切れ、草原状の尾根となっているところがある。ここには北尾根では珍しい**ヤマツツジ**が咲き、**ニッコウキスゲ**も今（六月初旬）ちょうど花が開きかけてきたところだった。ニッコウキスゲは山頂にはあるが北尾根ではここだけのようだ。コルまで下ってからいよいよ最後の登りにかかる。ずっとカレンフェルトの突き出した歩きにくい樹林帯の登りが続くところだ。林はすっかりと緑の色が深くなったが、春は明るい緑の道に、エンレイソウやニリンソウ、ルイヨウボタン、ツクバネソウ、ラショウモンカヅラなどの花が咲き乱れる。季節によって風景はどんどんと移っていくが、それによって歩く側の気分も変わってゆく。国見岳の頂上は以前あったアンテナの建物も撤去され、広々とした空き地となっている。ここからも大禿山と同じく、北、東側の大きな展望が望める。

最後の**国見峠**への最初の下りはいやなところだ。斜面が急なうえごつごつと岩が出ていて滑りやすいのでゆっくりと慎重に下りたい。こんな道も途中からは緩やかになり、石灰岩から花崗岩へと地質も変わり、歩きやすくなる。右に分ける鉈《なた》ヶ岩屋への分岐を過ぎ、暗い植林帯の中を下って行くとやがて国見峠に近づき、花を存分に楽しんだ縦走の一日が終わる。

北尾根のニッコウキスゲ

国見岳への登り

ブンゲン（射能山《しゃのうざん》）

●奥伊吹スキー場（40分）品又越（1時間15分）ブンゲン（1時間45分）奥伊吹スキー場

伊吹山の北尾根から、北へ連なる山稜にあるピークで、一二五九・七mの標高は、滋賀県内では三番目に高い山となっている。伊吹山とは少し離れているが、同じ姉川流域にあって、源流の奥山としての存在感を放っており、コースの一つとしてぜひ加えておきたかった山である。

ブンゲンは姉川最奥集落の甲津原《こうづはら》のさらに奥の瀬戸山谷にある。県内でも有数の豪雪地として知られているが、スキー場が開かれ道路も整備されているので、気軽に雪の山も楽しめ、四季を通じて登山者も増えている。この山の地質は花崗岩で、石灰岩の伊吹山とは植生や山容など、山の雰囲気はかなり違っている。ブナやミズナラの美しい自然林に包まれ、伊吹山とは違った良さを持つ。

山頂へは二つのコースがある。一つは**スキー場のゲレンデを登るコース**で、二本に分かれるゲレンデのどちらからも登れる。一番右側からが最短ルートだが、スノーシューや山スキーでの雪山登山の場合は、中央、左のゲレンデから品又越へと登り、稜線を辿って登るコースが楽しい。もうひとつは民宿**若竹荘**から、西に張り出している尾根を登る道である。ブナ林の続く尾根で、春や秋

ゲレンデ最上部から山頂を望む

残雪のブナ林

には最適のコースだ。また、この尾根の北側の大長谷は、小さな滝が連続する美しい谷で、沢登り初心者にも楽しく登れる。コースは若竹荘の庭から登っていくので、ひとこと声をかけておきたい。

この両コースを周回するコースは、秋の紅葉も見事だが、花が咲き始める四月の中旬頃からの一か月位の間が最も魅力的な季節となる。

ゴールデンウィークの頃、雪が融けたゲレンデにはぼちぼち緑のかたまりが目立ち、木々も芽吹き始める。オオカメノキの白、**ミツバツツジ**のピンクが、淡い緑の中を彩っている。ゲレンデを品又越まで上がる途中に目についたのは、ミヤマカタバミとオオバキスミレだった。ここのミヤマカタバミは白ではなくピンクで、しかもかなり濃い色である。日本海側ではピンクが主流のようだ。この日のお目当ての**オオバキスミレ**は、小さな流れ込みがあるゲレンデの脇に群生していた。湖西の赤坂山がよく知られているが、ここでも見ることができる。

品又越まで登ると打ち捨てられたようながらがらの急な林道を登って行く。稜線は以前にゲレンデとして使わ

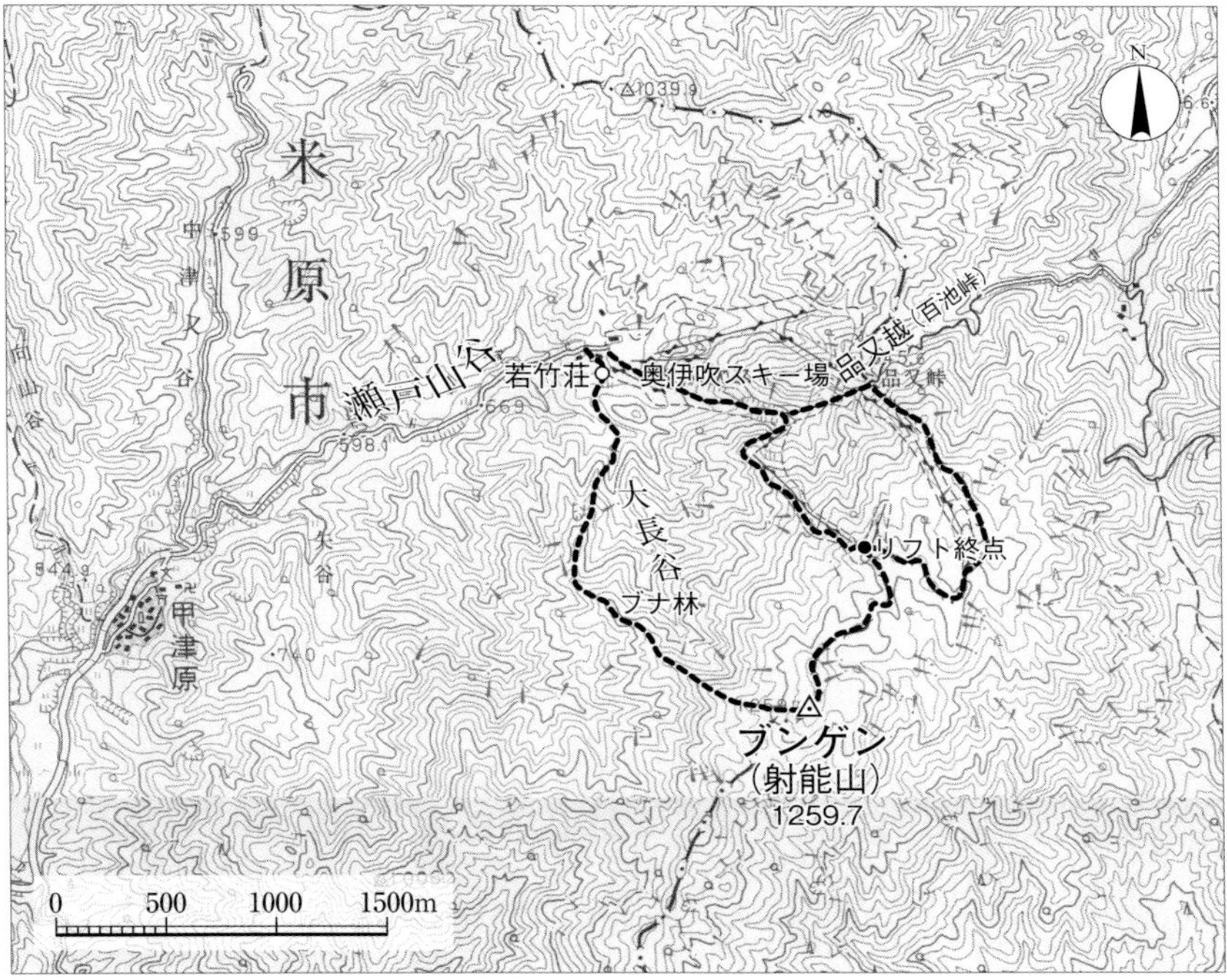

ミツバツツジ

オオバキスミレ

ハルトラノオ

れていたのだが、風が強いのか、今では放置されている。少し登ったところで稜線のすぐ横の、広い緩やかな浅い谷間を登ってゆく。小さな流れでは豊富な雪解け水が元気よく飛び跳ねている。

稜線は右へと大きく曲がり、緩やかな登りとなる。小さなピークへと登るのだが、道は細流を渡ったり尾根を行ったりと、複雑に曲がりながらピークに登っている。このすぐ下が右側のゲレンデの終点で、このピークから広い道が延びている。辺りはブナの美しい林が残されていて、低いコルに下りて座り込むと、開き始めた緑に包み込まれ、緑のドームの中にいるような気持ちになった。

もう頂上の小さな三角形が見えている。地形は複雑だが、樹林の中の道もしっかりと踏まれていて心配はない。小さなアップダウンがあり、大岩のピーク

秋のブンゲン頂上からの展望

若竹荘へ下るブナ林の登山道

を過ぎると最後の登りとなり頂上に着く。頂上は広く伐り開かれ、抜群の展望が開けている。気分のいい頂上だ。南には伊吹山の頂上があり、稜線の繋がりも見えている。雪のある季節のこの頂上はさらに素晴らしい。緩やかなブナの尾根が複雑にからみあい、きままに**ブナの疎林**の間を歩き回ってみたくなる。

　帰路は西へと続く尾根を下ってみよう。最初はネマガリタケが茂る急な下りで、道もそんなにしっかりとしていないが、次第にブナの間を下るようになると、やがて大きなブナが続く、見事な林に入る。萌えだしたばかりのブナの若葉、浅い黄緑色から下るにつれ、緑の濃度が増してくるのがわかるだろう。ブナ林では**ミツバツツジ**の紫がかった濃赤が樹間を彩り、林床にはツルシキミの花が咲き、カタクリやシハイスミレの花が目をひく。

　尾根は途中で急角度で折れ、北へと向きを変えているので注意したい。このあたりまで下るとブナが少なくなり雑木林へと変わる。炭焼きがされていたのだろう。尾根から流れへと下りると、炭焼き窯が残されている。大長《おおなが》谷を渡る流れ付近には多くの花が咲いていた。ヤマエンゴサクや**オオバキスミレ**、**ハルトラノオ**、チゴユリなどが見られた。

　道は山腹を辿り峠状のところを抜けると、若竹荘を見下ろす裏山の上に出る。ここからは若竹荘の庭で、湿地にはミズバショウなども植えられている。連休頃なら建物の前の階段のところにあるクマガイソウが、ちょうど咲き始める頃だろう。

紅葉に彩られたブンゲンのブナ林

《伊吹山周辺の施設案内》

伊吹山文化資料館

小学校の校舎を利用した建物に，伊吹山に関連した資料と山麓に暮らした人々の生活用具を展示しており，地元に密着した親しみの持てる資料館。
滋賀県米原市春照77／〒521-0314／TEL 0749-58-0252
開館時間　9時〜5時／休館　月・祝日の翌日・年末年始／入館料　100円

森の文化博物館

山深い長者平にあり，モダンな建物がひと際目をひく。祭り，薬草，製鉄と炭焼きと，春日谷の生活をテーマした展示がなされている。背後の林にキャンプ場があり，貝月山の登山口ともなっている。
岐阜県揖斐郡揖斐川町春日美東1902-183／〒503-2501／TEL 0585-58-3111
開館時間　9時〜5時／休館　水・冬期／入館料　200円

かすがモリモリ村リフレッシュ館

薬草文化を生かした薬膳料理があるレストランや売店，そして春日ならではの薬草風呂が楽しめる。
岐阜県揖斐郡揖斐川町春日六合3429／〒503-2502／TEL 0585-58-0001
開館時間　10時〜21時／休館　水・水曜が祝祭日の場合は翌日／入浴料　400円

ジョイいぶき

伊吹薬草の里文化センター内にある日帰り入浴できる薬草風呂。ヨモギ，トウキ，チンピ，センキュウ，シャクヤクなどの薬草風呂は，登山の疲労を回復してくれる。
滋賀県米原市春照37／〒521-0314／TEL0749-58-0105
開館時間　12時30分〜19時30分／休館　月・休日の翌日・年末年始／
入浴料　300円

伊吹山ドライブウェイ

自家用車ばかりでなくバスも運行されているので，だれでも気軽に山頂のお花畑を楽しめる。バスはJR大垣駅，関ヶ原駅から運行されており，名古屋からの直行便もある。
営業予定期間／4月第2土曜日〜12月第2日曜日（予定）
TEL 0584-43-1155／軽・普通自動車は3,000円

ピステジャポン伊吹

スキー場と登山口と三合目を往復するゴンドラ，食堂，展望湯などの施設を営業している。2009年はスキー場は閉鎖されていた。ゴンドラの営業期間はゴールデンウィークと夏期。
TEL 0749-58-0303／料金　往復1,500円

Ⅲ

伊吹山に登る

――バリエーションコース

ブナの林

伊吹山にはまとまったブナ林というのがほとんどない。石灰岩の地質のせいなのか、あるいは人為的なものなのだろうか。

南東尾根の一角で、珍しくブナの林に出合った。その中には炭焼きの窯跡があり、しっかりとした道が延びていたが、急な草の斜面に出くわしたところで道は消えていた。

伊吹山では草原や背の低い灌木が多く、こんな林に出合うと気分が落ち着く。残雪を踏むザクザクという音を鳴らしながら、ゆるやかに広がるブナの木々の間を歩きまわった。

伊吹山では一般登山コース以外ではほとんど歩かれることがなく、ここに取り上げたコースは藪こぎルートとなる。藪こぎといっても古い道が残っていて比較的歩きやすいコースもあるが、激藪のコースもある。

藪ルートとなるマニアックなコースは、おおまかに二つに分かれている。一つは**伊吹山本体を登るコース**と、もう一つは**伊吹山から派生するピークへと登るコース**である。ほとんどが伊吹山へと登るコースとなっているが、**虎子山**《とらすやま》**西尾根**と**板並岳**《いたなみだけ》は、伊吹山から派生した虎子山、板並岳へのコースである。軽いコース、きついコースとさまざまだが、どのコースも危険なルートはなく、藪さえ辛抱すれば登れるコースとなっている。印象に残っているのは川戸《かわと》谷と一一四九ｍ西尾根の両コースだろうか。

川戸谷は谷としているが、実質は川戸谷の中の尾根を登っており、頂上南面にダイレクトに突き上げる痛快なコースである。単独だったので無理をせず尾根を辿ったが、最後まで谷を詰めるのも面白いコースとなるだろう。

一一四九ｍ西尾根は板名古川から真っ直ぐに北尾根の一一四九ｍピークに登る尾根で、最後の北尾根に出る五〇ｍほどは猛烈なブッシュだった。板名古《いたなこ》川からの伊吹山はどこも一〇〇〇ｍ以上の標高差を持つ急峻な斜面で、もう少し歩いてみたい谷である。

伊吹山では沢登りを楽しむルートは少なく、この中では**大富川**だけが谷を歩いている。といっても谷の部分はわずかで、途中から尾根へと逃げている。大

虎子山西尾根から伊吹山を望む

富川は崩壊が激しいぼろぼろの谷で、不動明王を祀る不動滝を見に入ったのだが、そこへ行くまでに、左岸側の斜面へと上がってしまった。谷ではよく知られている**起又《おこしまた》谷**の五色の滝までの登山コースがあるが、五色の滝から上流をじゃぶじゃぶと涼みがてら登ってみた。滝の上で二股に分かれ、どちらもナメの多い谷だった（Ⅵ「伊吹山麓の散歩道」参照）。

もう一つここには取り上げていないが、若竹荘から登るブンゲン登山道が横切っている**大長谷**を登っている。小さな滝がいくつも連なって頂上に突き上げる、初心者向きの楽しい沢歩きだった。

他には昔の道が残る南東尾根や西尾根は素晴らしい尾根だった。整備すれば伊吹山への登山コースとしては第一級のコースになるものだろう。

南東尾根頂上の直下

起又谷右俣

大長谷は小さな滝が続く楽しい沢登り

笹又《ささまた》から南東尾根●

笹又（1時間30分）ドライブウェイ休憩所付近（1時間45分）伊吹山頂上

伊吹山は雄大なスケールの独立峰だが、頂上へと至る登山道といえば、上野からの一般登山道と、国見峠からの北尾根、笹又からの道の三つのルートしかない。そのうち北尾根ルートと笹又道は静馬《しずま》ヶ原で合流して頂上へと向かうのだが、静馬ヶ原からは歩行禁止となっているドライブウェイを通らなければならないので、実質上は頂上へのルートは、一コースしかないことになる。

地図を見ると、上野からの正面登山道とドライブウェイ駐車場から山頂を結ぶ円状の周遊コースとがある以外に、南東に延びるドライブウェイが走る稜線に道を表す破線が記されている。この南東尾根は、上平寺越から下部は笹又や藤川、玉など、麓に通じる生活の道であった。いずれの破線も昔のもので、笹又や玉からの破線を辿ってみたが、道の名残は所々にあるものの、ほぼ廃道となっていた。上平寺越より上部は頂上直下の険しい斜面となる。、南東尾根に続く頂上への道の目的は何だったのだろうか。昔は笹又から薬草採取などで頂上付近まで登っていたのか、あるいは川戸《かわと》谷などへの炭焼き道、などと推理を巡らしてみるが、現地を歩きさまざまな想像を巡らすのも楽しみである。

さざれ石公園

この南東尾根へのアプローチルートとして目をつけたのが、笹又の**さざれ石公園**から、九〇〇m付近にある**ドライブウェイの休憩所**のすぐ上に合流している尾根だった。地図に破線はないものの、この日下りてきてから笹又の人に聞くと昔は道があったという。昔はこの道から伊吹に登ったと話してくれた。

笹又から見上げる南東尾根側の斜面は、浅い谷が突き上げ壁のように立ちはだかっており、なだらかに広がる畑地との対比が、笹又ののびやかさ、明るさを一層際だたせているようだ。こうした急峻な尾根や谷にも、炭焼きが盛んな頃は多くの道があったのだろう。尾根の下部は上平寺越の峠道を辿った時に一度歩いており、踏み跡があったのだが、地元の方に聞いてみると、尾根の下の方は近年、伐採、植林されているので、その仕事道として使われていたようだ。

さざれ石公園駐車場から流れを渡り、植林の中の道を登って行く。林床にはセリバオウレンが見られたが、もう花も終わりかけだ。植林帯を過ぎると雑木林に入るが、かすかな踏み跡が続いている。藪もあまりない林の中は春の光に満ちあふれ、どこでも歩ける快適な尾根で、木々の間からは畑が広がる笹又の斜面が覗いていた。

尾根が少し緩やかに広がったところには炭焼きの窯跡が見られた。八〇〇mあたりからはブナ林が出てきて、林床

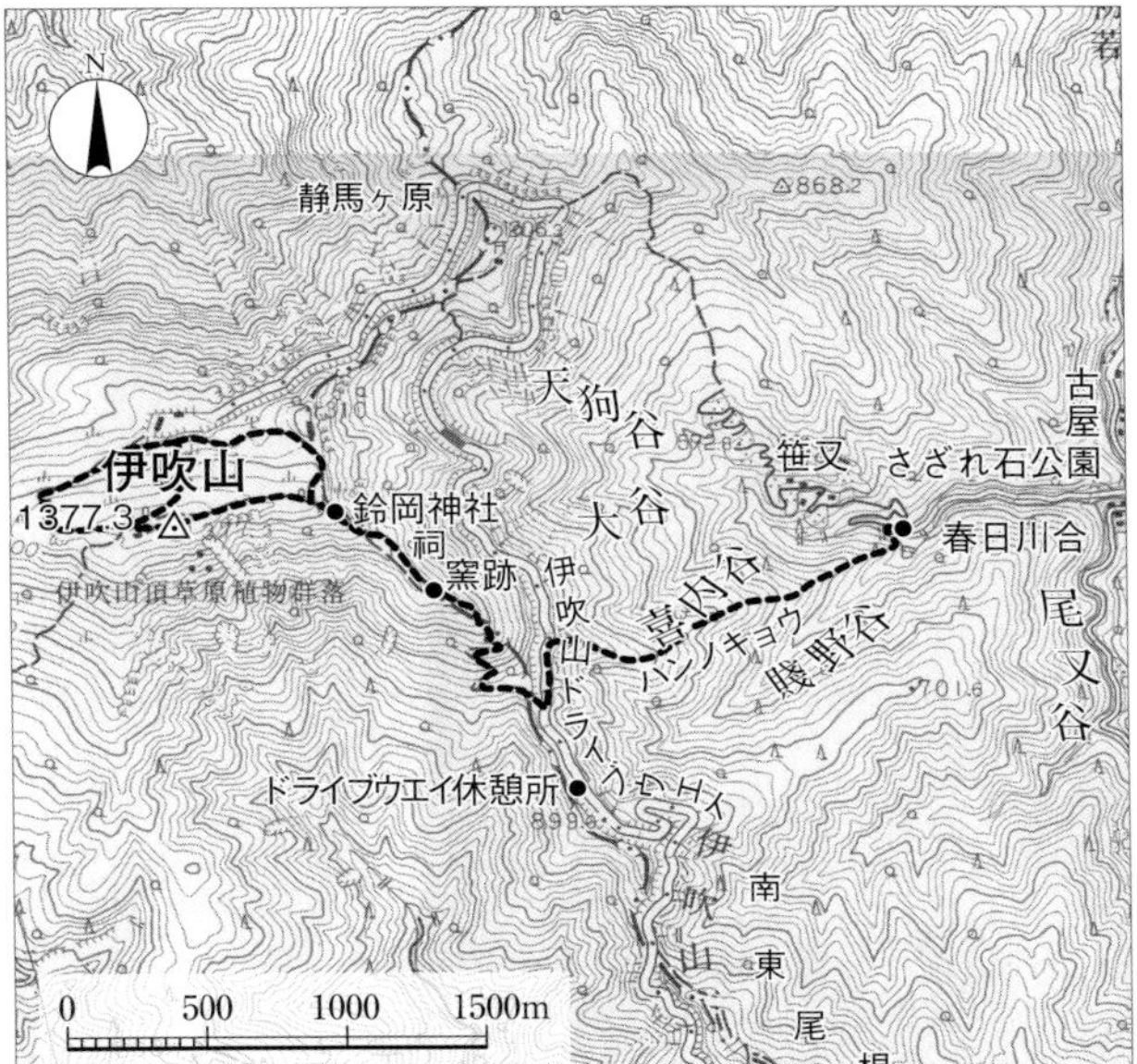

ドライブウェイ休憩所を見下ろす

にはまだら模様のカタクリの葉が見られるようになったが、一枚葉が多く花はほとんどついていなかった。見上げるドライブウェイのガードレールももうすぐそこだ。最後は切れ落ちた急斜面となっているのではないかと心配していたが、なんなくドライブウェイに上がれた。道路は開通前なので静かなはずだが、今日はヒルクライムレースという自転車競技がドライブウェイで行われており、休憩所がゴールとなっているようだ。マイクの音が響き、上空を飛ぶヘリの音がうるさい。

少し休んでからいよいよ南東尾根に取り付いた。ここは休憩所から稜線上を走る道路が東側の斜面に移るところで、ゆるやかだった尾根がぐんと高度を上げ始める地点だ。左の川戸谷側の斜面は植林がなされており、そのための仕事道なのか、稜線上にかすかな道が続いていた。道は実にうまくつけられており、しばらく山腹を歩いてからジグザグを切って高度を上げるという繰り返しで、道が崩れないように谷側には石積みで補強してある。藪もところどころで被さるものの、今の季節なら問題なく通過できる。やがて植林帯から離れるようになるが、高木はなく灌木帯の中を行く。こうした登りが一一五〇mあたりまで続くとゆったりとしたブナの疎林の広がりの中に入る。樹林帯の中はまだ雪が残り、うっとりとするような美しいところだった。このブナ林は、数か月後の八月に弥三郎の岩屋を探しに南東尾根をこのブナ林まできている。ここには炭焼きの窯跡があり、東側斜面に延びる古い道が続いていた。この道は草地

南東尾根頂上直下からブナ林を眺める

南東尾根のブナ林に残る炭焼きの道

の急斜面に出て分からなくなったが、昔はこの急な草原をトラバースして静馬《しずま》ヶ原まで続いていたのではないだろうか。また『伊吹町史』には、中尾根の槌《つち》ノ子《こ》越から川戸谷を横切る横崖道が上平寺越へと続いていたとあるので、このあたりにつながっていたのかも知れない。

樹林帯から灌木の中に入ると次第に踏み跡がはっきりとしなくなり、傾斜も再び強くなる。藪の間を抜け上を見上げると、もう頂上も近く、測候所の建物が見えている。やがて灌木帯を抜け笹原となるが、笹は雪に倒されどこでも歩ける。**鈴岡神社の小さな祠《ほこら》**があって最後に一登りすると、鳥居や墓がある雪原に出る。ここは頂上周遊道のもうすぐ横、周遊道に出て山頂の方を見ても人影はまったくなかった。下りは開業前のドライブウェイを歩き、静馬ヶ原から笹又道を下った。

鈴岡神社の小祠

《冬の笹又から南東尾根》

春に笹又から南東尾根を経て頂上に登ったが、冬の笹又は知らなかったので、同じルートで登ってみた。しかしこの冬（二〇〇九年）は雪があまりにも少なく、厳冬期の山にはほど遠い姿だったのは残念だった。物足りない雪山だったが、頂上台地から静馬ヶ原までの、現在ではルートが途切れている北尾根を辿れたのが収穫だった。『秘境・奥美濃の山旅』（芝村文治編・ナカニシヤ出版刊）などでは、頂上から静馬ヶ原まではこの尾根が歩かれていたようだが、現在では踏み跡は消失している。尾根は頂上台地から一気に落ち込みやせ尾根が続き、鈴岡神社への入り口のコルへと落ちている。

単独で一日で簡単に歩けてしまったが、雪が多く古屋から歩くのであれば、日帰りでは雪がしまっている頃に限られるコースである。頂上への往復は苦しいだろう。

伊吹山西尾根●

大久保（2時間）採石場（1時間30分）伊吹山頂上（1時間45分）板名古川

大久保集落の背後から、東へ頂上に向けて延び上がる尾根がある。はっきりと尾根の形状をなした、目立つ尾根で、仮に西尾根とした。現在の二万五千図には道を示す破線などは一切描かれていないが、昔の五万図を見ると、頂上まで破線が続いている。奥美濃の登山紀行である戦前の『樹林の山旅』（森本次男著、朋文堂刊）を読んでいると、伊吹山への登山道として太平寺から現在の採石場の大斜面を斜めに横切りながら登り、西尾根の八合目付近に出る道と、大久保から登り太平寺からの道と合流する西尾根が、伊吹山登山道としてあげられている。しかしこれらのコースから登る登山者は誰一人として通る者はなく、踏み跡はだんだん消失しようとしているばかりであると、書かれている。

登る途中に立ち寄った惣持寺《そうじじ》の方に話を聞くと、昔は柴刈りや花を採りに上がったそうで、しっかりとした道があってここからも頂上まで登っていたそうだ。実際、標高六〇〇mあたりまでは、深く掘りこまれたしっかりとした道型がまだ残っており、下部は快適に登れた。

大久保集落の姉川沿いに車を置いた。土手では**ニリンソウ**がちょうど盛りだ

長尾寺を守る惣持寺

った。こんな車道沿いにもニリンソウが咲き乱れているのには驚かされる。伊吹神社から道が登っているのではと見当をつけて、集落内の狭い道を上がって行くと、タチツボスミレにオドリコソウ、ニリンソウがいっぱい咲いていた。神社を抜け田んぼだったと思われるあぜ道を登るとまた、広い道に出る。右に下ると長尾寺の石柱があった。長尾寺は弥高寺などと並ぶ昔栄えた寺であった。

石段を登ってみると普通の家屋のような小さなお寺があった。ここには**惣持寺**と札があり、家の方に聞いてみると、惣持寺は長尾寺の一つの坊で惣持坊といい、この惣持坊が伽藍などもなくなった長尾寺をお守りされている。この上の長尾寺跡一帯に遊歩道があるらしいので、ここから西尾根に取り付くことにした。

長尾寺の本堂跡までで も、春なら寺跡を訪ねて花を愛でる、軽いハイキングコースとして楽しめる。この季節はイカリソウが特に多く見られた。本堂跡から雑木林の中にえぐれたような深い道が続いていた。ところどころで木が倒れ込んでおり、ほとんど歩かれていないことが分かる。結構急な登りが続くのだが、道も残っているのでそんなに苦にならない。五〇〇mを超えたあたりでは明瞭な尾根となり、登りもゆるやかになる。気持ちのいい雑木林で、鳥の声が林の中に響き渡っていた。△六四五・六mあたりまでこんな登りが続いただろうか。登りがきつくなってくる

ニリンソウ

西尾根に咲くヒトリシズカ

としっかりと残っていた道もあやふやになってくる。草木もかぶってくるが、春浅い今ならまだ藪こぎといってもしれている。九〇八ｍの斜面がだらりと広がっているところあたりで、かすかな踏み跡は左へと振って行く。藪も次第にきつく傾斜がぐんと強くなったところで、採石場の車道に出た。ジグザグの古い車道を上がると、広く削り取られた**採石場**に出る。今日は休日なので誰もいなかった。採石場の境をしばらく歩いてから昼にした。あたりには**カタクリ**の花が多く咲いている。

この採石場が終わると最後の急な登りとなる。昼を終え歩き始めたところで、採石場の端で双眼鏡を持った男性が立っているのに気づいた。見晴らしのいいところで動物を見ているようだ。採石場の道路を許可を得て車で上がってきたという。イヌワシ写真家の須藤一成さんのようだった。

樹林帯は落ち着きのある林で、藪は大したことはないが、急な登りが続いていた。同じ石灰岩帯の御池岳《おいけだけ》（一二四七ｍ）と雰囲気がよく似ている。しかし、

採石場付近に咲くカタクリ

削り取られた採石場

これもしばらくの辛抱で、やがて緩やかな草原に出た。もうすぐ先には頂上の西遊歩道が見えている。ここは今やっとアマナが花を見せ始めたところだ。初夏から夏は一面のお花畑になり、とても立ち入りできないところなので、すみやかに遊歩道へと登った。頂上駐車場まで下り、採石場から見ていた駐車場の西端から派生している尾根を下ることにした。一気に板名古川へとなぎ落としたような急斜面の尾根だが、何とかなるだろう。

駐車場の横からの出だしは緩やかな樹林帯で、カレンフェルトがあり歩きづらい。右へと振り気味に下って行くと、一気に傾斜は急になる。藪はそう気にならないが、何しろ急斜面ではっきりとした尾根の形をなしていないので、ルートが分かりにくい。一度右へ行きすぎたようで再び左へと戻ったりと、ルートの判断に迷うことがあった。下るにつれ次第に尾根の形がはっきりとしてくるので、そこに乗ってしまえば大丈夫、傾斜も落ち着いてくる。木をつかみながらぐんぐん下るが、別にどこに下りてもかまわないので、藪を避けできるだけ歩きやすいところを選んでゆく。最後は小さな谷へと下り、河原の広がる**板名古川**《いたなごがわ》へと飛び出した。ちょうど国見峠の取り付きの林道終点付近だった。林道を下って行くと、登った西尾根と下ってきた尾根が木の間から望まれた。板名古川からは壁のように切れ落ちる斜面で標高差も一一〇〇m余り。今日一日で上下したコースを見上げると、よく歩いたものだと思う。ほとんど人の歩いていないコース、満足度の高い一日となった。

西尾根を登る

川戸谷《かわと》●川戸谷林道堰堤(1時間15分)尾根取り付き(2時間30分)伊吹山頂上

伊吹山の南面には、中央に一本の尾根が延び、途中で弥高《やたか》、上平寺《じょうへいじ》の二本の尾根を分けて山麓に達している。その尾根を中尾根といい、西側はスキー場のあるのっぺりとした斜面を形成して、正面登山道が頂上に至っている。東側はそれとは対照的に深く切れ込んだ谷が頂上に突き上げ、荒々しい姿を見せている。**川戸谷**である。

この川戸谷全面を見渡せる南東尾根から眺めるにつけ、伊吹山頂上にストレートに突き上げる川戸谷はいつも気になっていた。見渡す源流部は、落葉期に見ると部分的に杉か檜の植林地の緑が見られるが、大部分は茶褐色の自然林が広がる野性味を感じる谷である。上平寺集落から標高差一〇〇〇m余りを頂上に真っ直ぐに突き上げ、しかもその上部は岩やガレを纏って急傾斜に切れ落ちているこの谷は、伊吹山へのルートとしてぜひとも登っておきたい最も魅力を感じるルートとなっていた。

川戸谷を登りたいと思ってから、南東尾根などからルートを探っていたが、藪と頂上直下の急斜面や行程の長さなどがひっかかっていた。もちろん頂上へ

川戸谷林道から伊吹山を望む

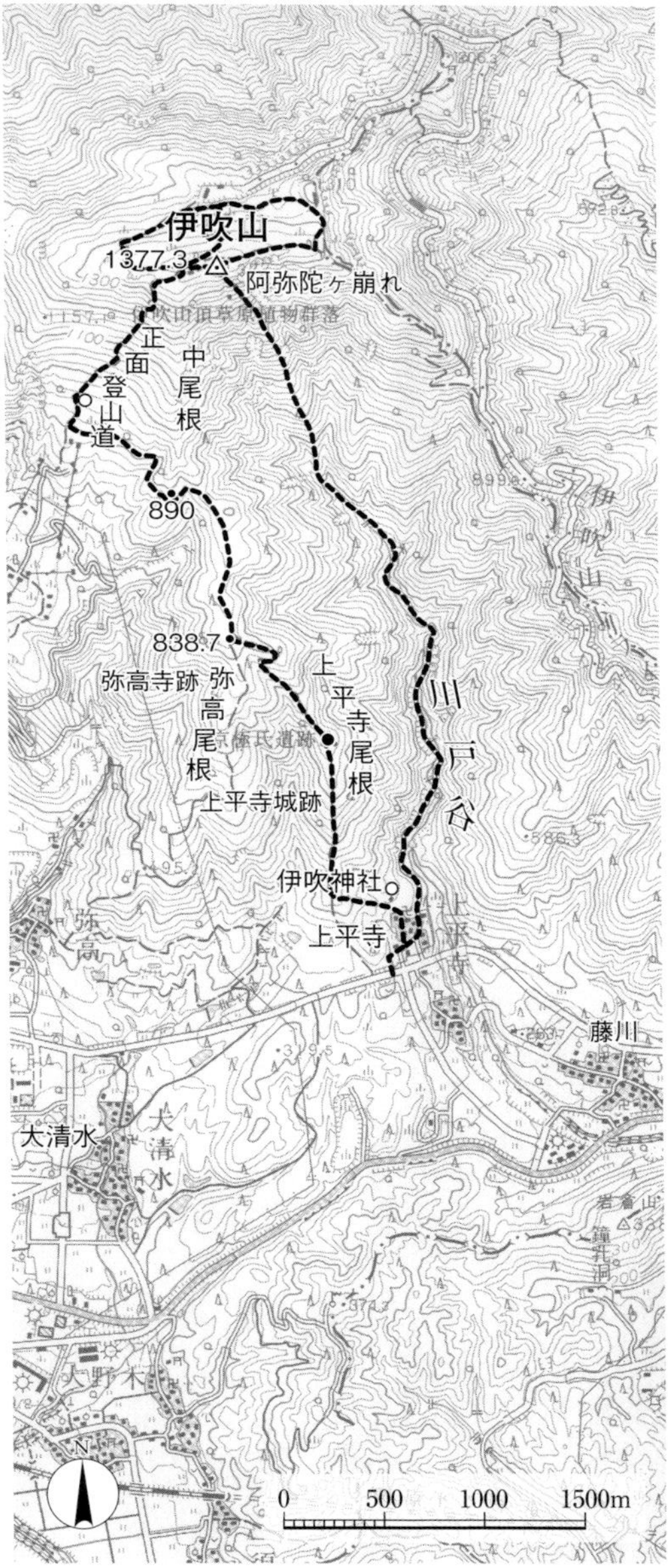

と真っ直ぐに突き上げたいので、登るルートは限られてくる。それと単独の場合は谷は避けようと考えていたので、尾根ならできるだけ藪の少ない季節、晩秋、早春などの落葉期となる。しかし行程が長くなるおそれがあるので、秋は避けたいということになると、芽吹くまでの四月で雪の消える頃と、時期は自ずと決まってくる。下山路は一般道を下り、五合目から上平寺尾根にルートをとると、車を置く**川戸谷林道**に戻ることができるだろう。これでほぼルートの骨格は固まったので、あとはその場でのルートファインディング次第だ。

川戸谷林道の大堰堤に車を置いた。四月中旬にしては朝から日差しが強いが、

川戸谷上部からの眺望

いた。

風が心地よい。もう青い草が出始めており、カキドオシの花がいっぱい咲いていた。

しばらく林道を進み、二万五千図通りの橋を渡ったところで林道は終わっていた。ここは堰堤がいくつも連なっているところで、登る予定としている尾根はもう近いはずだ。はびこるいばらをよけながら、流れを何度か渡って遡って行くと、頂上へと突き上げる尾根の末端に着く。末端はつる性の藪が網の目のように広がっていた。もう少し谷を登って取り付いた方がよさそうだが、我慢して突入した。蜘蛛の巣に捕らえられた昆虫のようだが、ケモノの通った跡を選んで這うように登り何とか突破した。樹林の中に入るとまだ少しはましだが、結構藪はきつい。もう一度つるのような藪の絡む細い尾根となったが、ここもケモノ道を利用して這いながら進んだ。しかし登るにつれ藪はぐんとましになり、標高七五〇mあたりから檜の植林地となった。植林地は日当たりが悪いので藪も少なく快適な登りとなる。八五〇mぐらいまで植林が続き、尾根の傾斜も比較的ゆるく、快調に高度が上がった。

雑木林に入っても藪に煩わされることはない。明るい雑木林の広がりの中を登るだけとなってきたが、傾斜がかなり強くなってくるし、カレンフェルトが目立つようになってきた。右側は岩場となって切れ込んでいるので、尾根の左側斜面を登る。標高一〇〇〇mくらいだろうか。二基の**炭焼きの窯跡**が並んでいるのに出合った。これだけ奥深く険しい谷で標高もかなりあるところなので

川戸谷の尾根に築かれた炭焼き窯跡

川戸谷の尾根の雑木林

驚いた。おそらく岐阜県の春日村側の人が入っていたと思われるが、焼いた炭を運び出すのも大変だ。東側の南東尾根には道があったので、東へと南東尾根までトラバースする道があったのだろう。

この炭焼きの窯跡からさらに傾斜は強まり、木の根やカレンフェルトを伝って行くので、手を使わなければ登れなくなってきた。南東尾根から見て頭に入れていた頂上へと抜けるルートは、右側は岩場とガレの急斜面が見えていたので、右は避けて最後は左側へ寄って頂上へと登るつもりでいた。この一番急なところが**阿弥陀ヶ崩れ**と呼ばれているところだろう。測候所の左側に上がる藪の尾根が続いていたので、それを使うつもりだった。しかしここからだと左側へとどこかで移らなければならない。左は谷が切れ込んでいるが、上部は切れ込みも浅くなり、カモシカの道だろうか、ケモノ道が急斜面をトラバースしているのが見えた。この道を使って左隣の尾根に移動して、この尾根を直上した。灌木が切れたところで頂上で休む人がはっきりと見えるようになった。もう頂上直下の斜面を残すだけとなったが、意外なことに頂上西側のこのあたりは傾斜もゆるみどこでも登れるような斜面となった。

一直線に深く切れ込む川戸谷を見下ろしながら、ゆっくりと噛みしめるように最後の登りを楽しんだ。右の滋賀県側からは**湧き出す雲**が上平寺尾根を越えては消えてゆく。滋賀県側は雲の中だが、岐阜県側は濃尾平野に広がる市街地がはっきりと見えていた。

川戸谷上部から湧き出す雲を眺める

阿弥陀ヶ崩れ

正面登山道両翼尾根

●三合目（1時間）平等岩（45分）伊吹山頂上（1時間）六合目

頂上から正面登山道を下っていくと、右手の斜面に小さく突き出ている岩が見える。この岩が平等岩《びょうど》といって、円空が修行した地といわれている。そこには小屋が建てられており、円空修行の地を顕彰して建てられた祠だという。三合目で草刈りをしている方に話を聞いてみると、八合目から道があると聞いたのだが、後日登った時に登山道から続く道はないかと見ていたのだが、どうもそれらしい道の分かれも見あたらなかった。またあったとしても、花の季節に登山道以外を歩くのははばかられるので、積雪期まで待ってから歩いてみた。

伊吹山は頂上台地が東西に長く延び、南に面した斜面が東西にワイドに広がっている。正面登山道はその南西面にあり、南東面は川戸谷が深く切れ込んで、斜面は漏斗状に川戸谷に集約している。その川戸谷と南西斜面を区切る尾根を中尾根と呼んでいる。南西斜面の三合目から六合目あたりまでは比較的緩やかな斜面で、そこから上はかなりの急斜面となっている。この大きく広がった斜面を昔は大平と呼んでいたという。平等岩はこの南西斜面の左手、登山道でいうと七合目付近の西にあり、平等岩の周りはしわのような浅い尾根と谷の凹凸

三合目から頂上を望む

があって、岩場を形成している箇所も多い。平等岩もその一つで、ルートを目で追ってみると、平等岩より上はそんな凹凸が激しく、しっかりとした道がなければ近づきにくいようなので、六合目あたりから道を離れて、低灌木に埋まる斜面を平等岩目指して登るのが、一番近づきやすいように思えた。

六合目の小屋から少し登ったあたりから登山道をはずれて登り始めた。この冬は雪が少なく、一月の下旬というのにこのあたりで、足首くらいの積雪だ。灌木や笹はすべて顔を出しているが少しでも雪があると歩きやすい。途中から斜面はかなり傾斜を増し、藪を避けながら平等岩を目指して登って行く。平等岩は二万五千図を見てもわずかな尾根の膨らみで、岩記号もない。平等岩の右側は浅い溝状のルンゼで、その右側から巻くようにいったん平等岩より高く登ってから、斜面をトラバースして**平等岩**に着いた。祠は金属製のごく小さな小屋だが、屋根などを見ていると、体裁が整えられそれらしい形をしていた。ドアがあったが鍵がかかり中はまったくわからない。祠の陰で風を避けて昼飯にした。ここからは登山道もよく見えている。道からももちろんここが見えているが、こんなルートをはずれた岩の上に人がいるとは思っていないだろう。

平等岩からは左側の採石場との境をなす尾根を登ることにした。左は浅い谷と岩場のある尾根が見えているので、もう少し登ってみる。灌木のバリケードで、右へ左へと藪を避けながら登ると、もう尾根までは藪のない斜面が続いているだけとなった。急な斜面を注意しながらトラバースしていくと尾根に出た。

平等岩にある円空の祠（小屋）

ほぼ頂上台地にかかるあたりで、雪も少しは増えてきて、踏み抜くと脛《すね》くらいまで潜る。右に高みを目指して登って行くと、周遊路の縄を張った柵が見え、もう頂上はすぐだった。

日本武尊像まで登ってから下山にかかるが、下りも一般道を下るのでは面白くないので、川戸谷との境をなす弥高尾根へと繋がる**中尾根**を選んだ。

中尾根は頂上から南へと延び、途中で上平寺尾根と弥高尾根に分かれて山麓に至っている。現在では上平寺、弥高両尾根合流点から少し上部までしか道はないが、『伊吹町史』を見てみると昔は道があったようで、槌《つち》ノ子越《こごえ》という地名も見られる。槌ノ子越は中尾根の八九〇m付近にあり、川戸谷を横断して上平寺越へと至る横崖道があったと書かれている。今では中尾根や川戸谷、南東尾根などはまったく忘れ去られた地となっているが、ところどころに炭焼きの窯跡や、その周辺にはまだしっかりとした踏み跡も残っていて、往時を偲ばせる風景を見ることもできる。

山小屋の横から下り始めたが、右の斜面は藪がうるさく歩きにくいので、左の川戸谷へと切れ込む尾根上を下って行く。途中で右の一般道に合流するつもりな

のだが、下りすぎると浅い谷が始まるので、早めに右へとトラバースを始めた。ここは昔の槌ノ子越の少し上あたりになるのだろうか。

六合目付近に出るように狙いを定めて行くが、樹林の中に入ってしまうと分からなくなってしまう。六合目の小屋が見えるところがあったので、小屋を目標にしながらトラバースし、何とか思うとおりのところへと出られた。

両ルートとも結構ひどい藪のところがあったが、少しは雪があったので、比較的歩きやすくて助かった。小さなバリエーションルートだが、この季節にはこんな山歩きも面白いものだ。

頂上の日本武尊像

中尾根を下る

頂上から奥美濃の山々を望む

平等岩からの眺望

大富川《おおとみ》から三合目

●鉱山道大富川出合（2時間）三合目

三合目のゆるやかに開けた斜面一帯は、春から秋まで、多くの花が咲く美しいところだ。花好きにとってこんな素敵な場所はない。この三合目の西端には**タカヤ**と呼ぶ小山があり、雑木林がこんもりと盛り上がっている。花の散歩コースとなっているが、北側は**大富川**のガレ谷が急崖となって切れ落ちており、谷を隔てた採石場側のガラガラに崩れた斜面には、砂防の石積みが幾重にも並んでいるのが見える。**倉《くら》の内**と呼ばれているところだ。

大富川は伊吹山には珍しく荒々しい風景が広がっているが、春にこの崖の端に立った時、踏み跡が大富川の谷へと下りているのに気が付いた。急斜面にジグザグを切っている道を流れまで辿ってみると小屋がある。後日草刈りをしている人に聞いてみると、三合目の施設で使う水を汲み上げるポンプ小屋だということだった。ひょっとしたら流れから下流に道があるのではないかと考えていたが、それ以来、大富川はずっと気になる存在になっていた。

大富川の左岸側の尾根には送電線の鉄塔が三合目へと続いている。鉄塔があるならその下には道があるのだろうと思い、大富川を遡って、その鉄塔尾根を

大富川出合

早春のタカヤの雑木林

下ってみることにした。

鉱山事務所への道が大富川を横切っているところに車を置いた。ここからは田んぼの用水が引かれており、豊富な雪解け水がゴボゴボと音をたて、水路からあふれんばかりに流れている。用意をしていると地元の方の軽トラックが停まった。水を取りに来たらしく、道のことを尋ねてみると、やはりこの大富川には道はないようだった。そのかわりこのすぐ下から尾根通しに道があり、それを登ると神社があるということを聞かされた。いいことを聞いた。大富川を遡ってこの尾根を下りてくることにしよう。

挨拶をして歩き始めると、「気をつけて」との言葉に「熊にも」という言葉が付け加えられた。まず目の前に立ちはだかる堰堤を右側から越えようとガレの斜面を登ると、ずるずると滑る足もとから石が崩れ落ち、がらがらといういやな落石の音が響く。見上げるとぼろぼろの斜

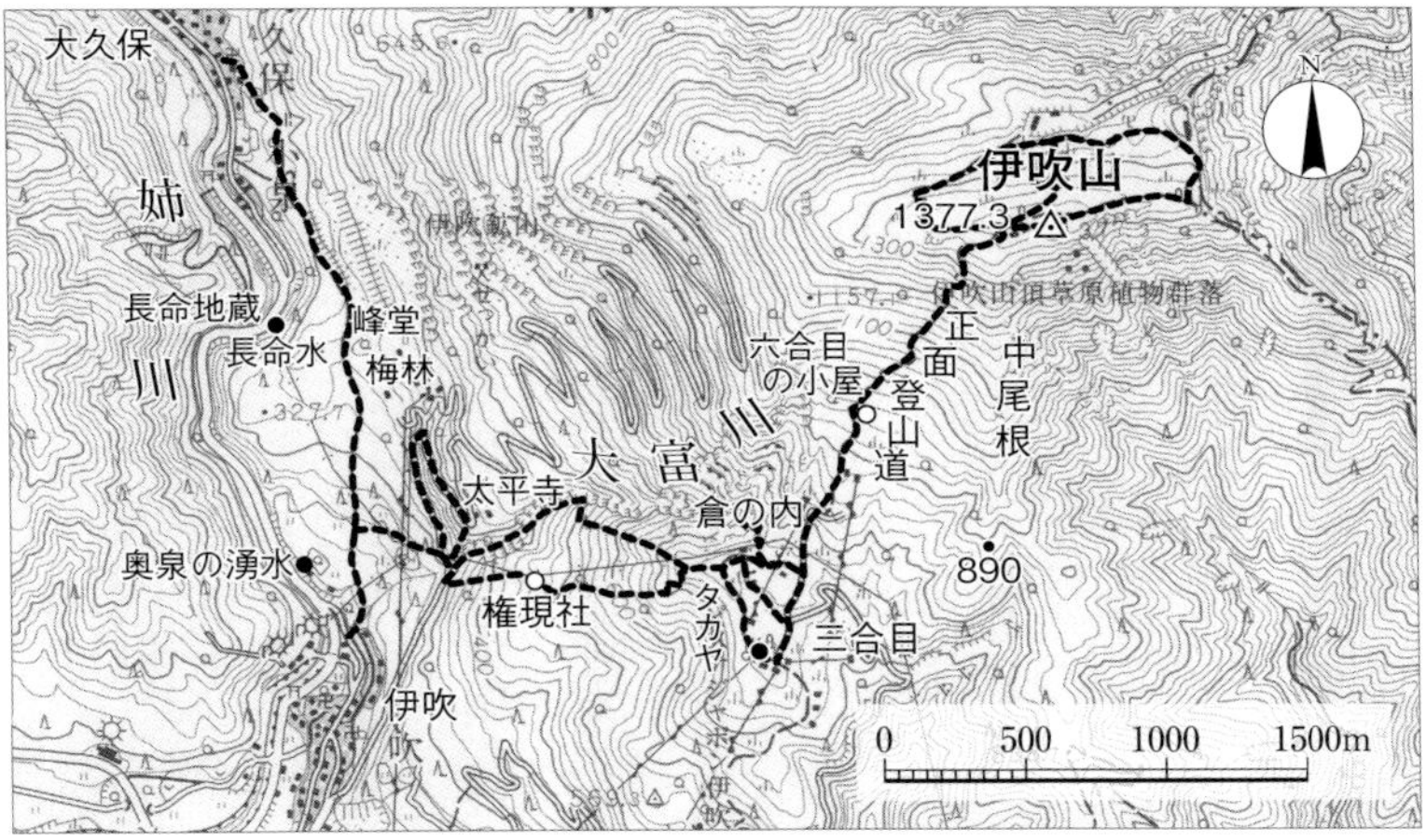

三合目から倉の内のガレ谷を見る

面がハング気味におおいかぶさり、今にも落ちてきそうな石ばかりだ。台風の大雨の時はこの谷はどんな様相になるのだろうか。

堰堤を巻いて流れに下りると、次々と堰堤が続いているようだ。このぼろぼろに崩れた両岸を見ているとうなずける。長い年月、荒々しい自然と人との戦いが続いてきたのだろう。作り続けられた堰堤の形はさまざまだが、まさに金太郎飴。いくつもの堰堤を越えて進むと、両側斜面に何重にもコンクリートの擁壁がめぐらされていた。しかも背が高く一つ越えるのに苦労させられる。退路を考えながら進んできたが、前方の谷の様相を見ると、ますます深く切れ込んでおり、樹林を伝って巻けるようなところもなさそうだ。この奥に不動明王を祀る行場の不動滝があるのだろう。ここらが潮時のようなので、尾根へと逃げることに決めた。

ここなら行けるだろうと見極めて木の続く急斜面に逃げた。ところがあと少しというところで、背の高さほどのガレ場となっている。木はあるのだが、根元がえぐれて根が浮いておりハング状になっていやらしい。腕力で越えられそうだが、もしも崩れたらと考えると少し躊躇したが、思い切って一気に乗り越した。仲間がいれば何ともないところだろうが、一人ではやはり緊張する。樹林の中に入って緊張がほどけると、がさがさという音がしてシカの白いお尻が飛び跳ねて行った。

もう急な樹林帯を登るだけだ。ところどころに可憐な**ミスミソウ**が見られる

抜けた堰堤

大富川石積み

が、林床はハイイヌガヤがはびこっている。ちくちくと掴む手を刺す痛みに我慢しながら登ると、明瞭な尾根になって鉄塔が見えた。タカヤのすぐ下にある鉄塔だった。

三合目の草原に出てみると**セツブンソウ**が真っ盛り。下りは予定通り鉄塔の送電線沿いに下ることにして鉄塔まで戻ると、そこから下には道がなかった。たいがいの鉄塔には送電線に沿って巡視路があるのだが、下の鉄塔からこの三合目まで、途中に鉄塔がないので道の必要がないのだろう。左に植林帯の中に入ってみるとジグザグの作業道があり、これで下まで下れると思ったとたん、道はぷっつり途切れてしまい、結局は送電線の下を辿ることにした。

左に振っていた斜面を右にトラバースすると自然林の中に入る。送電線下まで戻ってみたがやはり道はない。しかし適当に下るうちにところどころで道らしきものと交差するようになった。昔、伊吹集落の人たちが登った道なのだろうか。この尾根は『伊吹町史』には別相と書かれている。鉄塔を目指して下り、鉄塔に出るとそこに**権現社の祠**《ほこら》が祀《まつ》られていた。ここからはしっかりとした道が続いて、車を置いた大富川出合のすぐ下に出ることができた。

別相の権現社

タカヤにはミスミソウが多く咲いている

三合目ではセツブンソウが咲く

一二四九m西尾根

●板名古川モン谷出合（45分）尾根取り付き（3時間）一二四九m

伊吹山の北西面に深く切れ込む**板名古川**《いたなご》は、伊吹山北尾根の一〇八三mの大《おお》禿《はげ》山から始まり、弓状にカーブしながら伊吹山の北面を抉り、下板並《しもいたなみ》と大久保の両集落の間で姉川へと注ぎ込む。下流部へ行くほど山が高くなるので、左岸側は崖のようになぎ落とした深い切れ込みとなっている。伊吹山の下あたりの板名古川は標高三〇〇mほどなので、一気に一〇〇〇m以上の標高差となって切れ落ちている。西尾根を登った時に通った採石場からは、そんな板名古川の全景が見渡せ、伊吹山北西面の地形を観察できた。そのときに目にとまった、ドライブウェイから板名古川へと落ちている尾根の一本を下山路として使っている。とにかく急な下りだったが、技術的には何の問題もない簡単な尾根だった。

それ以来、板名古川の急峻な尾根から伊吹の稜線に登ってみたいと思っていた。板名古川には昔は炭山という集落があったという。現在では植林地もあるので、山仕事として伊吹山や北尾根側の斜面に入っている人は多いだろうが、登山ルートとして使われたことはあまりないはずだ。登山のためのルートとし

虎子山西尾根から冬の板名古川源流の尾根を望む

板名古川地獄谷出合

てはあまり考えられないルートである。しかしこういう斜面を見ていると、不思議と登ってみたいという気持ちにさせられる。別に困難なルートでもないのだが、天の邪鬼的な性格に火がつき、好奇心とファイトが湧いてくるから不思議だ。

そこで選んだのが採石場から見渡したときに目を付けていた、北尾根南端の**一一四九mピーク**から板名古川へと下っている尾根だった。一一四九mからは板名古川へ二本の尾根を延ばしてているが、上流側の尾根は一部分植林されていたので、全く自然林の下流側の尾根を選んだ。登るについては何の技術も必要ないと思うが、問題は藪の状態だけであろう。藪の中をただひたすら上へと向かう根気があるか、ただそれだけだ。

モン谷出合から板名古川の河原を歩いた。踏み跡が付いている。山仕事の人たちのものだろう。取り付きはドライブウェイへと急峻なガレを突き上げている地獄谷の隣で、この地点には地図を見ると堰堤がある。六月特有のむっとするような気候だが、風はある。ガレ谷にはねずみ色のガスがまとわりついていた。

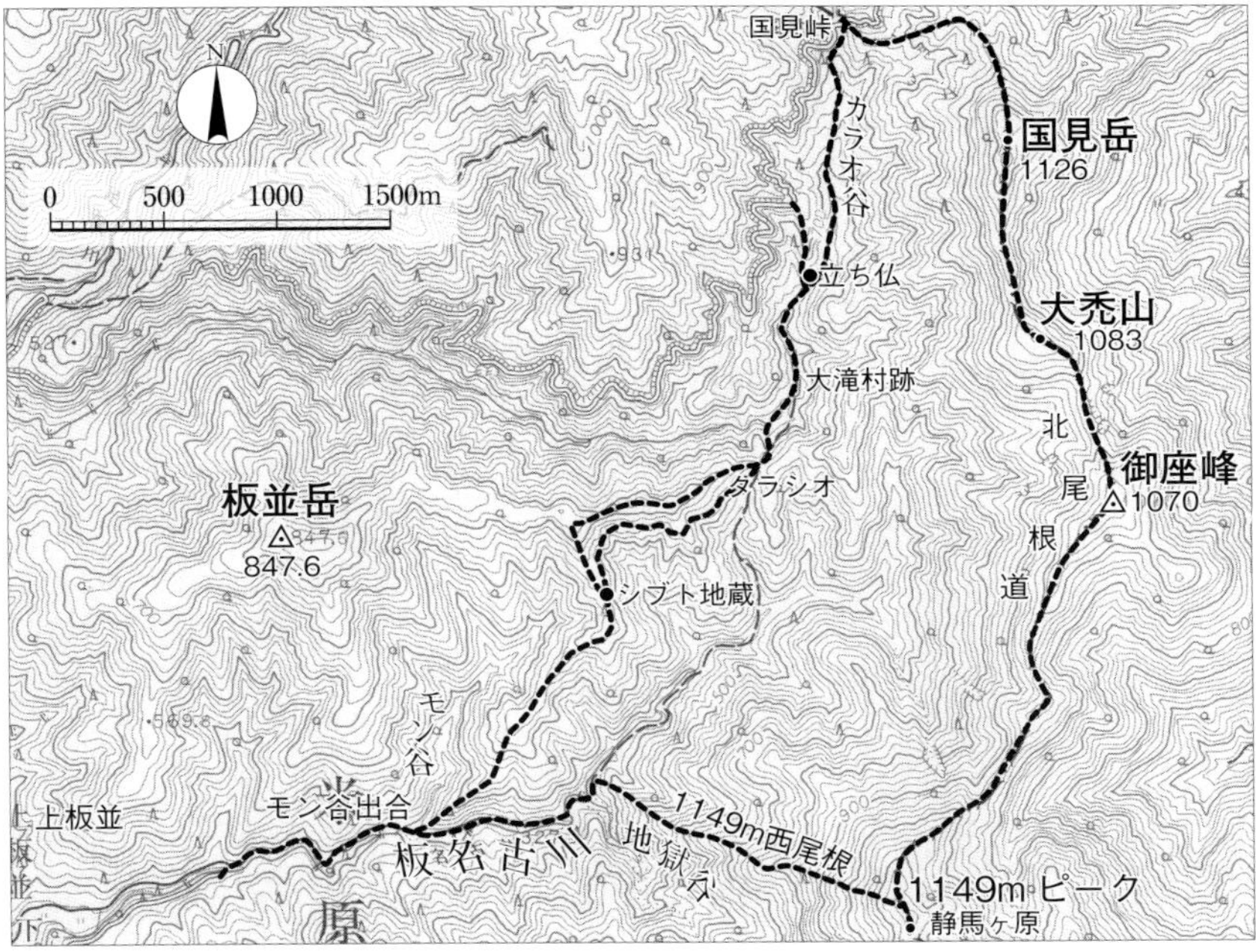

尾根は取り付きから藪が邪魔をして歩きにくかった。しかしその藪の中に入ってしまうと、ケモノ道が導いてくれた。通過を阻む頑強なブッシュというようなものでもなく、登るのに藪が煩わしさを感じさせる程度のものである。それに藪といっても陽の当たり方次第で、快適に抜けられるところもあれば、ひどくうっとうしいところもある。これも想定通りだが、疲れてくるとそんなにものんびりとした気分にはなれない。邪魔な藪に出合うといらいらしてくるし、その折り合いのはざまでどう根気強く心を保つかである。そう、藪こぎは人生そのものなのだ。だからといって疑似人生に慣れている藪こぎニストが、人生に成功するとも限らない。

地図を見ても分かるが、取り付きは急だが中間部は比較的尾根の形状をなし、斜度はまだましだ。七〇〇m、八〇〇m付近では尾根のたるみが地図にも描かれているが、九〇〇m付近から尾根というより、ただの斜面となってくる。登っていてもこの地図上の感覚がよく分かった。九〇〇m付近からは、この斜度に加えて石灰岩地形特有の滑りやすいカレンフェルトが多くなり、ハイイヌガヤなどの藪もいじめに加担してくる。腕力だよりでブッシュをつかんで身体を引き上げなければ、足が上がらなくなってきているし、蒸し暑さが加わり疲れはさらに増す。傾斜がゆるくなってくるのが一一〇〇mライン。しかし勝負はここからだと思い知らされた。びっしりと埋まり絡み合う木々。一歩抜け出すのにもがきまくる。ここまできてこんなにもきつくなるとは想像できなかった。

比較的藪のすいている所もある西尾根

1149m西尾根から北尾根を望む

この猛烈な藪でペースはがくんと落ちてしまった。そういえば北尾根はもう少し高度を下げると樹林帯となるのだが、**一一四九m**付近は大きな木がない灌木帯となっている。根曲がり竹とともに最もたちの悪い藪だ。わずかな標高差を抜けるのに四苦八苦の苦しみで、登山道までこの状態が続いたので、ぽっかりと登山道に出た時には、あまりに身が軽くなったことに拍子抜けしてしまった。

のんびりと一一四九mで休憩して出発。しかしこの後、単純な行程計算の読み違いで、**北尾根**を縦走して国見峠道を下り、板名古川のモン谷出合に戻れたのは夜の帳が下りる寸前の午後七時三〇分。一一四九mで休んでいる時は、こんなさらなる苦しみが待っているとは気づきもしなかった。

アップダウンの多い北尾根を国見峠へ

《ヤマビル》

伊吹山と向かい合う鈴鹿山地はヤマビルの多い山として知られているが、伊吹山周辺にもヒルが多いのはあまり知られていない。私もこの伊吹山で何度もヒルにやられているが、鈴鹿ほどではないと思っていた。しかし、いるところにはいるようで、岐阜県の春日谷側はほとんどの地域で出没するという。笹又でも登山者はよくやられているようだが、私は春から夏に何度も歩いていても、やられたことがない。生息分布がかなり偏っているように思われる。北側斜面のあまり風当たりのない谷の中では要注意である。滋賀県側でも板名古川ではかなり多かった。戦前の書、森本次男の『樹林の山旅』にも国見峠でヒルにやられた箇所が出てくるので、昔から生息していたようだ。特に最近は鹿の増加で、さらに広がっているものと思われる。

虎子山西尾根《とらすやま》

●県道足俣林道口（1時間）尾根取り付き（2時間45分）虎子山

　虎子山は三十年以上前に一度登った記憶がある。岐阜県側から国見峠に登り、そこから県境尾根を往復しているはずだ。記録を見ているとほとんどがこの国見峠からの往復か、積雪期なら国見平スキー場から尾根を登るというパターンのようだ。

　滋賀県側からはどうだろうかと地図を見てみると、虎子山山頂の南から西に延びる長い尾根に目がいった。滋賀県側からアプローチされないのは、登山道がなく、しかも県境稜線まで奥が深い、というのがその理由だと思うのだが、この西尾根なら何とか届きそうに思った。もちろん道はなさそうなので、雪のある時期のルートとなる。

　この冬、雪は少ないのかなと思っていたら一月を過ぎると結構降り出してきた。しかし伊吹周辺ではそんなに積もることもなかった。車で走っていると、米原や彦根より近江八幡あたりの方が、雪が降っていることが多く、この年は中雪型といえるようだ。この気圧配置では湖西の朽木《くつき》や比良によく雪が積もり、湖北は比較的少ない。

虎子山西尾根下部

虎子山西尾根県境稜線の手前

県道の上板並あたりで三〇cm以上あるだろうか。西尾根は足俣《あしきまた》両俣分岐から始まっているので、**足俣川に沿う林道**から入るが、車を下りてすぐスノーシューをつけた。林道は西尾根末端の両俣近辺で分かれ、一本は左俣沿いに六六五m付近まで延びており、もう一本が西尾根末端で回り込むように登って国見峠へと続いている。幸いにも林道の雪は堅く締まっているので、国見峠への林道の尾根の末端まで、ほとんどもぐることもなく歩けた。

さあ長い尾根の始まりとなる。二万五千図には**西尾根**上に五二七m、六三〇m、九四六m、一一六三mと標高点が入っているので、それを目標として地道に標高をかせいで行くしかない。まずは五二七mに登りコルへと下る。コルには二万五千図にもあるように、左俣側から道が登ってきている。しばらくは急な登りが続くが、この周辺の山の例のごとく、掘り込まれた道が続いていて登りやすい。それに雪の状態もよくそんなにもぐらず快適だ。登りの緩くなる**九四六m**あたりまで、ゆっくりと休まずにひたすら登り続けた。地形は単調で、尾根の南側は雑木林、北側は植林となって、随所で豪快に立ち上がる伊吹山が眺められる。

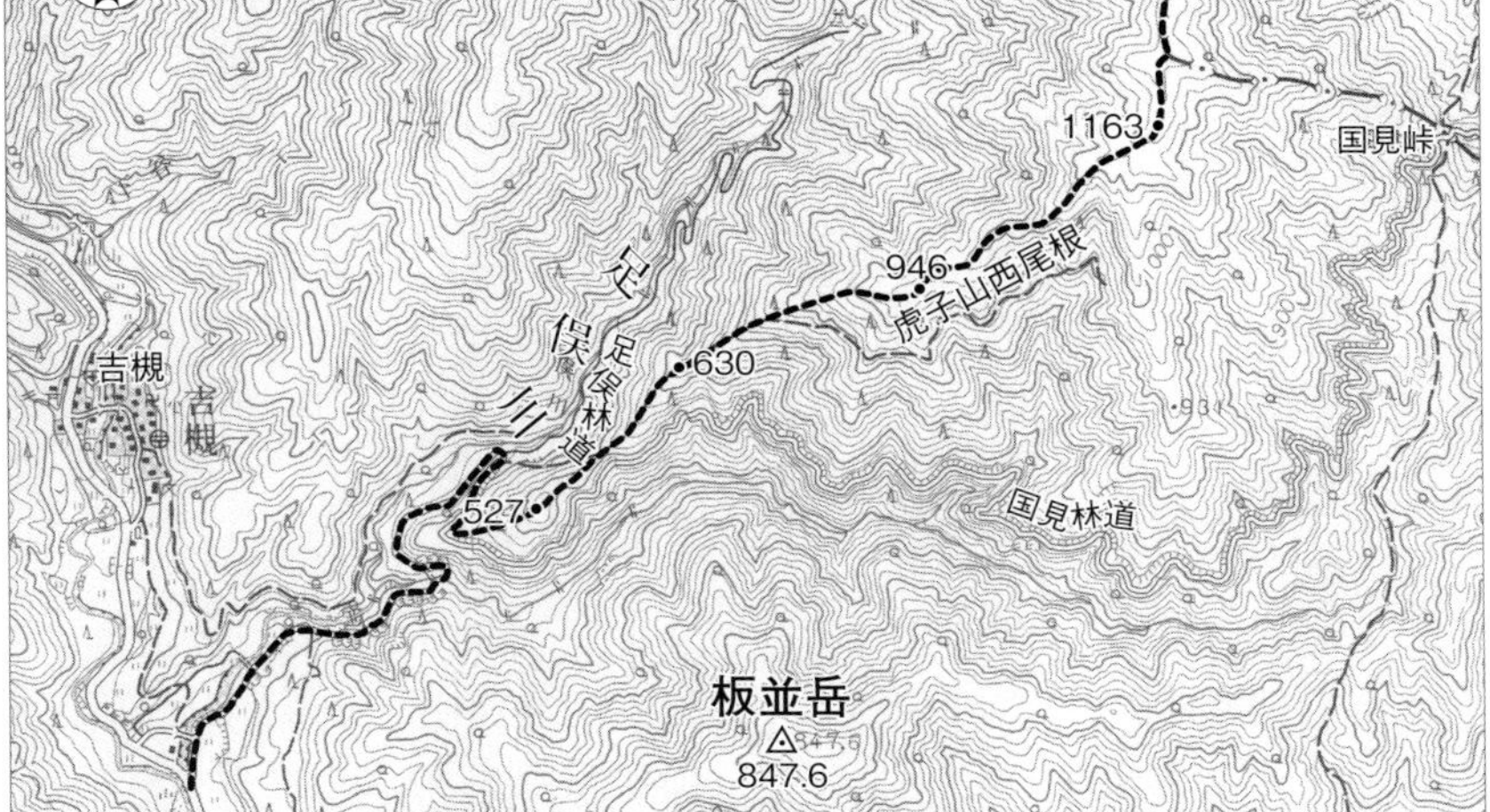

九四六ｍ付近からははっきりとした尾根の形状をなしているが、雪の量も少ないためか、雪庇も出ていない。かといってそんなに藪に悩まされることもないので、適度な積雪量だ。しかしここまでほとんど休憩も取らずに登り続けてきたので、さすがにこたえてきた。もともと無理かも知れないと思っていたので、いけるところまでと考えてあまり地図も見ずに登っていた。思った通り登りが長くなってきたので、引き返すタイムリミットも思い浮かんできていたのだが、前方に県境尾根らしい稜線が見えてきて、疲れていた身体と気持ちが引き締まった。地図を見てみると一一六三ｍの手前にある少し急な登りを登り切ったところのようだった。ここまで登ると積雪も増え、藪に煩わされることもなくなった。県境稜線はもう目の前だ。最初の登りを我慢して登り続けたかいがあった。

一一六三ｍから弓状に弧を描きながら県境尾根に合流した。稜線にはトレースはまったくなかった。ここしばらくは雪が続いていたので、登る人もなかったようだ。一つ小さなピークを越えると次のピークが頂上のようだが、頂上らしい盛り上がりもなく、拍子抜けするようなところだ。もう少し北に進んだ高見の端まで行って昼食にした。一人でラッセルしてここまで登れただけにさすがに嬉しかったが、うれしさを分かち合う者もいないのはやはり寂しい。

下りは時間的にも余裕があるので、慎重にと心がける。このころからぐんぐんと青空が広がりはじめ、ゆっくりと自分の踏み跡を辿りながら、カメラを

西尾根は県境稜線へ弓状に合流する

頂上の手前

方々に向ける余裕も出てきた。考えて見れば今日は登りにカメラを出すことが少なかった。いつでも引き返そうという気持ちの奥には、やはり何とか登りたいという欲が潜んでいたからだろう。

この青空の下、大きな**伊吹山**を眺めながら、晴々とした気持ちで下って行く。こんな思いが次への山へと繋がってゆくのだ。登れて良かった。

県境稜線を伊吹山を望みながら下る

虎子山西尾根から板並岳を見る

虎子山西尾根から伊吹山を望む

板並岳《いたなみだけ》

●下板並（2時間）板並岳（1時間）シブト地蔵（1時間45分）下板並

板並岳は以前から気になっていたピークだが、今まで登ったことがなかった。伊吹北尾根の一〇八三mピークから西へと延びている尾根の末端にあり、尾根の途中で国見峠道が越えている。この周辺は何度か歩いたことがあるものの、板並岳まで足を伸ばしたことはなかった。峠道周辺は植林されているところが多いのであまり食指が動かなかったのだが、登ってみると雑木林も多く残っており、好感の持てる山だった。登った尾根には深く掘れ込まれたジグザグの古道が続き、**路傍には石仏**が祀《まつ》られていた。数十年前までの麓の人々の暮らしを思い起こさせるもので、いばらの絡む道となっていたが、山と人が密接な関係にあった里山の良き時代のノスタルジーを感じさせた。

板名古川《いたなご》と足 俣川《あしきまた》に挟まれている尾根は、県境稜線から一気に落ち込んでから小さなアップダウンを繰り返し、末端の板並岳で大きく盛り上がる。きりっとした山姿と堂々とした根張りは、小さな端山らしからぬ魅力があるが、なによりも板名古川を挟んで見上げる伊吹山の眺望は一級品だった。登山者にはほとんど歩かれることがない埋もれた山だが、春、秋や積雪期にも手軽に近づ

尾根の道沿いに祀られていた石仏

板並岳への尾根、古い道が続く

けるので、もう少し見直されてもいい山ではないだろうか。

板並岳は頂上から西へと尾根を延ばしてから北西の足俣川、南西の板名古川へと二本の尾根を分けているが、板名古川側から取り付いた。この尾根の末端は下板並へと緩やかに舌状の尾根を延ばしてているので取り付きやすい。段丘上に広がった田んぼの横から、シカの道を伝って林の中へと入った。しばらくして右から登ってくるしっかりとした道と出合う。この道を辿ると急なところをジグザグを切りながら深く掘れ込む、見事に使い込まれた道となって登って行く。路傍にはお地蔵様が祀られており、多くの人たちが山へと入った道であったことが分かる。

尾根は稜線を境にして植林と雑木林に分かれている。この道は植林地の山仕事の道として現在も使われているようで、低いいばらの藪が多くて歩きづらいところもあるものの、快適に辿れる。五五〇m付近でいったんゆるやかになり、尾根は開ける。シカの食害を避けるためにプラスチックのカバーをかけた檜の幼木が、墓石のように並んでいて、目の前には板名古川から一気に立ち上がる伊吹山の北斜面が大きく広がり、北尾根に至るまで一望できる。以前にこの急峻な斜面をルートにして登下降

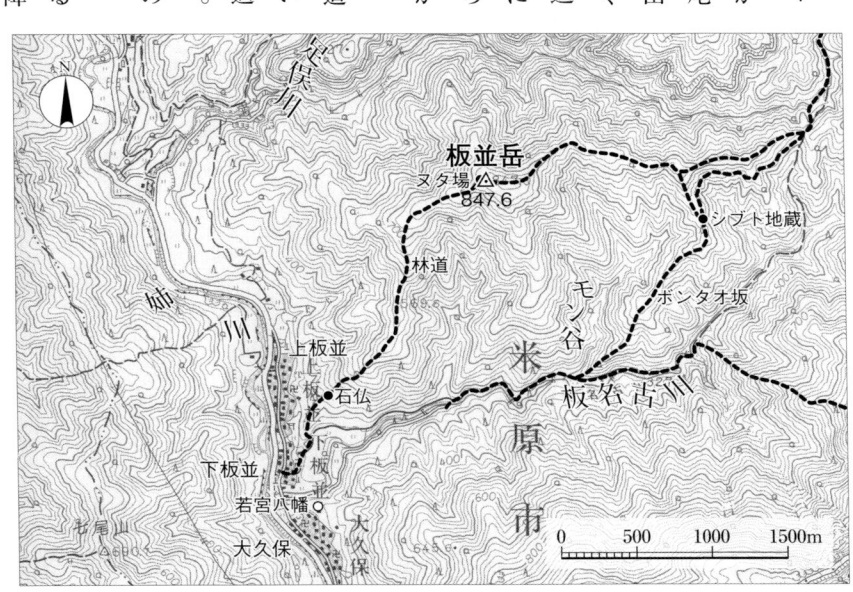

した尾根もひと目で見渡せた。

再び尾根は急になるが道は続いており快適に高度を稼げる。七〇〇m付近で北の足俣川からの尾根が合流するが、ここに林道が上がってきている。足俣川から上がってきているようだ。この冬は雪もまだほとんど降っておらず、この辺りでやっと足首ほどの積雪だ。少し林道を歩いたが、林道はやがて右へと尾根をはずれるので尾根を進んだ。もうひと登りで頂上のはずだ。広い緩やかな尾根には、汚れたシカの足跡が横切っていたので 辿ってみると**ヌタ場**があった。

七尾山東斜面から見た板並岳

板並岳山頂付近

板並岳から尾根を東へ進む

山頂付近のヌタ場

水は凍っていたがこんな寒さでも水につかるのだろうか。

一番高そうなところでザックを置き昼にして地図を取り出してみると、三角点はここより少し手前で、雪の下に隠されて気づかぬまま通り過ぎたようだ。そういえば登山者による野暮な標識類も見当たらず、清浄で静かな頂上だった。

帰路は**国見峠道**の通っている尾根を下ることにした。稜線を東に進んで約七四〇mピークから顕著な尾根が板名古川へと延びており、軽く雪があってルートも分かりやすい。細い尾根を下って行くとここからも伊吹の山々のパノラマが広がった。

見覚えのある七四〇mピークから南へと尾根を下る。門田尾《ぼんたお》と呼ばれている峠道のある尾根である。最初はしっかりとした踏み跡はないが、今は藪に覆われた山腹をトラバースする旧峠道の分岐まで下ると、板名古川まで掘れ込まれた道が続く。道の途中からはモン谷を隔てて板並岳が見えた。さっきまであの頂にいたのに、もうこんな下から見上げている。何とも足の運びというものは早いものだ。

午後の陽を正面に浴びながら下って行くと、ズドーンと猟銃の音が一発。びくびくしながら歩を進めた。

国見峠道から板並岳を眺める

スキーで登る

伊吹山は関西でのスキー発祥の山として知られており、古くからスキー場が営業されている。しかし最近では降雪量も少なくなり、スキー登山ができるだけの降雪を見ることは少なくなっている。

充分な降雪に見舞われれば、頂上から一合目までの斜面は絶好のダウンヒルコースとなる。何度もスキー登山を楽しむことがあったが、いい雪質に恵まれたということは一度もなかった。開けた西南斜面なので仕方がないが、条件さえ恵まれればゴンドラ乗り場まで下れる魅力のあるコースとなる。

八合目あたりが一番の急斜面となっており、大量の降雪時は雪崩に対する注意が必要だ。雪さえ降れば中尾根や北側の採石場側の尾根もルートとして使えるだろう。

笹又側も山スキーの記録があり滑られているようだが、古屋からの登高となるので、アプローチが不便だし、頂上まではかなりの標高差となる。

周辺では奥伊吹スキー場からのブンゲンがよく歩かれている。この辺りまで来ると積雪量も多く、山スキーを楽しむ人が多い。稜線までスキー場があるの

伊吹山山頂から白山を望む

伊吹山山頂を滑る山スキーヤー

で頂上までの距離はわずかで、手軽に山スキーを楽しめる山として人気がある。浅く複雑に入り組む稜線はブナも残る美しい山稜で、スノーシューなどでも快適で楽しい雪山歩きとなることだろう。

伊吹山北尾根の鈴岡神社付近から笹又側斜面を望む

ブンゲン山頂から滑る

ブンゲンのブナ林を行く

《伊吹山と中山再次郎》

伊吹山三合目に関西のスキーの普及に尽くした、中山再次郎の胸像が建てられている。

明治四十四年（一九一一）陸軍視察武官として派遣された、オーストリアの陸軍将校テオドール・フォン・レルヒが新潟県の高田第五十八連隊において指導したことが日本でのスキーの始まりとされているが、民間にも五日間指導がなされ、この時に京都府立二中の校長であった中山再次郎も指導を受けたとされている。四十七歳だった。

以後、関西各地でスキーに適した山々を求め、スキー地開拓を進めた。

まず、大正三年（一九一四）に比良山と伊吹山を踏査し、比良には適地が見出せなかったが、伊吹山がスキー場として適していることを確認し、西日本最初のゲレンデが伊吹山に誕生した。そして大正四年の三月には伊吹山の積雪期登頂を果たしている。大正五年春には、関西で初めてのスキー大会を伊吹山で開催し、中山の提唱で「関西スキー倶楽部」が結成されている。

伊吹山山頂を見上げる
三合目にある中山再次郎像

九十七歳の天寿を全うした中山は、存命中家族に、自分が死んだら骨の一部を伊吹山に埋めてほしいと、言い残していたという。

最近ではめっきりと雪の量が減り、スキー場も閉鎖されていることが多くなった伊吹山に寂しさを感じていることだろう。

Ⅳ 伊吹山を巡る山々

雲上の峰

谷を登り始めた頃は快晴の空が広がっていた。知らない谷に不安だったが、この青空が心の中に湧いてくる不安な雲を吹き飛ばしてくれた。

夢中になって藪を抜け、頂上下の急斜面にかかる頃には、そんな不安はすっかり忘れてしまっていた。下を見下ろすと、快晴だった空にもやもやと雲が湧きだし、谷へと流れては消えていった。

まるで自分の心の中を見透かされているようだった。

伊吹山の各ルートを探ると同時に周辺の山へも登ってみた。伊吹山を眺めるためである。

いわゆるハイキングコースとして登山道が整備された山を主に選んでおり、伊吹を望む山として紹介しようと思ったのだが、意外と伊吹山へと眺望がきく山は少なく、岐阜県側にもあまり展望に好適な山はなかった。

伊吹山の展望台として優れた山は**清滝山**《きよたきやま》と**横山**《よこやま》であった。どちらも頂上は大きく伐り開かれており、さえぎるもののない眺望が望めた。岐阜県側は**南宮山**《なんぐうさん》を選んでみたのだが、登山道からはほとんど伊吹の姿は望めなかった。別のルートを選べば良かったのかも知れない。**池田山**《いけだやま》はここには入れてはいないが登っている。伊吹山の眺望はきくものの、そんなに大きくはない。やはり伊吹を眺めるには、大きく平野部が開けた南面、西面からに限るようだ。

伊吹を見るという点からすれば、周辺の山から眺める絵画的な全体の姿よりも、むしろ川戸《かわと》谷や南東尾根、中尾根、北尾根などの、各コース中からの迫力ある切り取られた姿に惹かれた。また、バリエーションコースに入れている虎《とら》子山《すやま》や板並岳《いたなみだけ》からの、スケールの大きい広がりが印象に残っている。

伊吹山のあらゆる面からの全体像を知るには、周辺の山から眺めることも必要なことであろう。伊吹山の麓で繰り広げられた賤《しず》ヶ岳や姉川の合戦、そして関ヶ原の戦いなど、南宮山や笹尾山《ささおやま》、横山などに登って地形を見晴らすことによって、伊吹山を歩く楽しみが更に深まったように思っている。

JR近江長岡駅から伊吹山を望む

池田山から伊吹山を望む

七尾山《ななおやま》●

上板並（1時間45分）七尾山（45分）醍醐越（2時間）七廻り峠（45分）吉槻

七尾山を歩くのは久しぶりだった。以前は一般的なコースの南池からの道を登ったのだが、目の前に大きく迫る伊吹山の迫力が印象的だった。

伊吹山やその周辺の山々を歩き始めてもう一度七尾山に登ってみたいと思っていたので、今度は東側の伊吹側からどこかルートはないかと地図を眺めていると、山頂の北にある五九七ｍの肩を越える道があるのに気づいた。『伊吹町史』を見てみると、醍醐越《だいごごえ》という昔使われていた道のようだった。伊吹の山間の村々から浅井《あざい》へと越える道だ。この北にある七廻《ななまわ》り峠はよく知られているが、醍醐越は知らなかった。板並や大久保、小泉の人たちが越えた道なのだろう。この稜線には送電線が続いているので、稜線通しに北へ七廻り峠まで歩くことにした。七廻り峠も久しぶりだ。

上板並から姉川を渡りあぜ道を歩く。峠道の破線が始まるあたりで、ちょうど稲刈りをしているご夫婦に醍醐越への道を聞いてみたが、知らないという。当然だろう。今時山越えして浅井町へと行く人などいるはずがない。母親が七尾山を越えて行っていたという話を奥さんがしてくれた。もう数十年も前の話だ。

七尾山斜面の鉄塔から伊吹山を望む

この山裾にはシカ除けの電気柵が張り巡らされているので、これをまたがなければ山に入れない。このことを尋ねると、もう電気は切ってあるはずだけど、通っているところもあるという。柵の一番低いところを怖々またごうとすると、わずかに触れた。あっと思ったが何事もなく通過。ほっとした。破線は山裾の斜面から小さな谷を登っている。しかし谷には道がある様子もないので、左の植林地の尾根を登った。林の中にはまだ**ホツツジ**が咲き残っていた。歩きやすいところをしばらく登って行くと、しっかりとした道に出合った。稜線を走る送電線の巡視路にしては高度が低すぎるように思えた。しかしこの道を辿ると次第に高度を上げ、稜線の下に出た。稜線には上がらずにしばらくこの道を進むと鉄塔に出る。伊吹山が正面に大きく広がり、姉川沿いの集落が見えている。気持ちのいい眺めなので汗がひくまでしばらく休憩した。

ここから送電線は稜線を離れるので、七尾山へ登るには戻らなければならない。五九七ｍの北のコルまで戻って尾根へと入った。急登が続く杉林の中は思ったよりあやふやな道だった。はっきりとした稜線なので間違えることはないが、あると思っていた道がなかったので肩透かしをくわされたようだ。それでも途中で浅井側から上がって来ている道があり幾分ましになった。いずれにせよこの山に登る人は少ないのだろう。南池からの道と合流して頂上に出る。ここも以前のほうが見晴らしも良かったようだ。期待していた伊吹山の姿も樹林が邪魔してあまり見えず残念だった。

登りの斜面に咲いていたホツツジ

板並のそば畑から七尾山を見上げる

稜線を北へと戻り七廻り峠まで縦走を続ける。稜線を歩いていると**醍醐越**があった。峠付近に道型は残っており醍醐側は送電線の巡視路となっているようだが、あまり歩かれている様子はない。稜線の道は七尾山を離れるほど良くなってきた。**石仏**が祀られているところがあったが、以前はこの稜線もよく歩かれていたのだろう。この稜線上には昔は大きな寺院があったという。

五六七・九mで尾根は分岐し右に下っている。地図を見て要注意箇所だと思っていたが、伐採された斜面で分かりやすいところだったし、巡視路が導いてくれた。五〇五mピークに登ってからも小さなアップダウンの繰り返し。次の

七尾山山頂

醍醐越

567.9m 付近

アキノギンリョウソウ

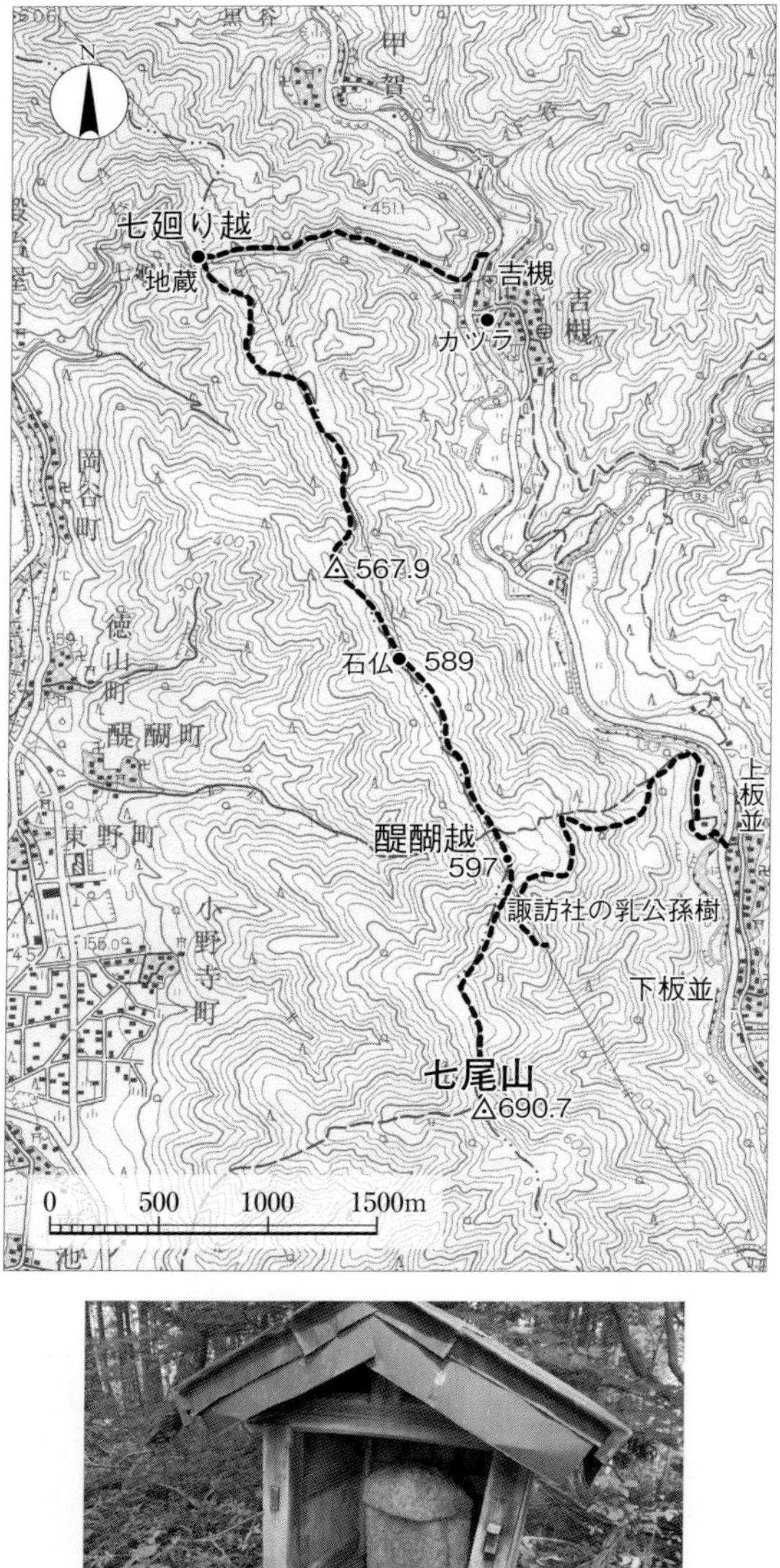

稜線の石仏

ピークでギンリョウソウのような植物を見る。この季節にと不思議に思っていると、どうやらこれが**アキノギンリョウソウ**らしい。初めて見た。

さすがに長い尾根と感じるようになってきた。暑さでバテ始めた頃、何とか七廻り峠に出た。懐かしい峠だが、三十数年前越えた時はちょうどこの車道が工事中の頃で、吉槻側は舗装はされていないものの、幅の広い道が峠まで登ってきていたと記憶している。アスファルトの上に座り込んで休憩した。このまま日陰で寝ころんでしまいたいが、車を置いた大久保まで車道を戻らなければならない。何とか重い腰を上げて歩き出した。

横山《よこやま》

● 観音寺（15分）峠（20分）横山（20分）観音寺（15分）峠（1時間10分）菅江

最近、伊吹野という言葉がよく使われる。どの範囲を指すのかは定かでないが、二万五千図の関ヶ原、長浜の二枚を並べて広げると、国道三六五号線に沿って山に取り囲まれた平坦地が広がっているのがひと目で分かる。伊吹山麓からこの一帯を伊吹野と呼ぶのであろうか。

伊吹野の東には伊吹山が大きく立ち上がり、北側に伊吹山塊と姉川の峡谷を挟んだ七尾山、南は丘陵状の小山が散らばり、西に竜の背のように長く南北に山稜を延ばした、三〇〇m内外の低い山々が連なっている。この西側を区切る低い山の連なりが横山を主峰とした山稜で、登山の対象としてはもの足らないが、伊吹山の展望や眼下の平野部の眺望に優れた山である。

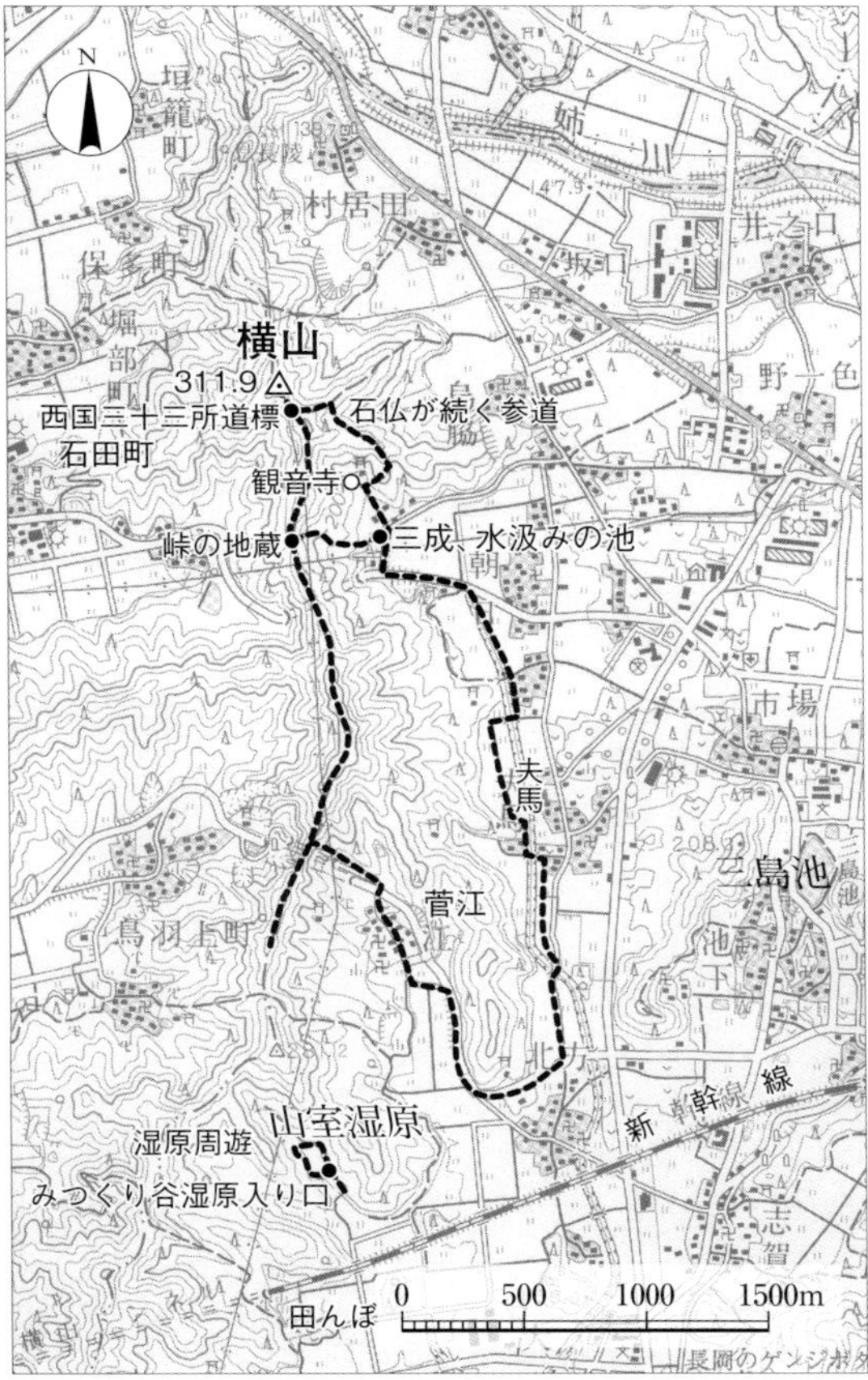

観音寺

横山は山塊の北端にあり、眼下を流れる姉川がこの横山の北端と七尾山とに挟まれた狭隘部を貫き脇往還が通じている。北国道と脇往還を睨むこの地は戦略上重要な地点となったことだろう。

ここに小谷山の城主浅井氏が、六角氏に対する南進の要として城を築いたのが永禄三年（一五六〇）だった。しかし元亀元年（一五七〇）、浅井氏と対立状態になった織田信長が姉川の合戦で浅井、朝倉連合軍を破り、浅井に対する重要な前線基地として横山城を攻略した。信長はここに羽柴秀吉を置き、天正元年（一五七三）、浅井氏を攻め滅ぼした。横山城は秀吉が長浜城を築いた時に廃城となり、現在は当時の土塁や堀切などの遺構を残すだけとなっている。

横山にはハイキングコースが整備されている。山稜の両側から道はあるが、東側の伊吹山四箇寺の一つ、**観音寺**を訪ねてから登ることにした。横山丘陵の西側には石田三成の出生地である石田という集落があり、この観音寺には秀吉と三成の逸話が残されている。お茶を所望した秀吉と寺小姓であった三成との出会いの話だが、ここには三成がお茶を献じた時に使った水汲みの池という井戸が残っている。

お寺の周りの堀から見る伊吹山の姿を眺めながら、山稜を越える峠道の登りにかかった。標高差にして一〇〇mほどの登りなので、何度かジグザグを切り返すと峠に着く。**峠**はお**地蔵**さまが祀《まつ》られた狭い切り通しで、右に横山への登山道が続いている。日当たりの良い道の両側にはキンミズヒキの明るい黄色の

夫馬《ふま》のコスモス畑から横山を見る

コウヤボウキ

ツリガネニンジン

花が揺れていた。一登りで展望のよい台地に着くと、湖北の平野からかすんだ琵琶湖が一望できた。ここから頂上までは発掘された横山城の遺構が並んでいる。頂上まで登ると見事な眺望が広がった。丸く整地された頂上には**三六〇度の展望図**が設置されており、真正面に伊吹山を仰ぐ、展望台としても優れている。さすが重要な戦略拠点だっただけに、周辺の地形や眼下の眺望も一目瞭然だ。天気がいいのでゆっくりと展望を楽しんだ。

峠から南の稜線も歩いて見たかったので、そのまま峠へと戻ることを考えていたが、観音寺へと下る別コースもあるので、その道を下って観音寺に戻り、再び峠に登り直すことにした。

観音寺への分岐には**西国三十三所巡拝と記された道標**がある。道沿いには観音様が祀られ、西国三十三所を巡拝するコースとなっていた。道は広くて歩きやすいよい散歩コースで、観音寺から横山頂上に登って一周する、軽い半日のコースとなっている。観音寺に戻ってこれで終わりではもったいないので、再び地蔵様のある峠に戻った。

峠から稜線通しに南に歩き始めたが、意外と道はよくない。道があるにはあるものの、手入れがされていないので草木が茂っている。特に三一〇・二mの三角点には鉄塔が建てられ、樹林が伐り払われているので日当たりがよく藪がひどい。樹林帯の中にはいるとまだ歩きやすいので我慢してさらに南下した。道沿いには**ツリガネニンジン**やヤ

横山頂上の展望図と伊吹山

峠地蔵

マハッカ、**コウヤボウキ**などの花々が、藪気味の山歩きを慰めてくれた。もう少し道を整備してもらえれば、野草を楽しむいいハイキングコースになる。山稜の道はどこまで行ってもいっこうに道は良くならないので、車道がトンネルとなって抜けているところで、東側の菅江《すえ》に向けて下った。

石田町に車を置いているので、あまり歩きすぎると、車に戻る車道歩きが長くなるが、山裾の道をぶらぶら歩くのもいいものだ。減反された田んぼには**コスモス**やひまわりが植えられており、野道歩きの退屈さを紛らわせてくれた。

「西国三十三所巡拝」の道標

《伊吹弥三郎》

伊吹山周辺では多くの伊吹弥三郎の話が伝わっている。伝説はいくつかの形があり、全国の昔話にある大男のたわいない話としての弥三郎や、柏原に住んだ実在した豪族の柏原弥三郎という横暴な男が、柏原から追われて伊吹山に逃げ込み、伊吹弥三郎となり悪行をつくしたという話。また伊吹山に住んだ荒々しく逞しい弥三郎が大野木の大野木弾正の娘に惚れ、娘も弥三郎に恋心を抱くようになって、二人で山の岩屋に住み、やがて男の子を生んだ。その子が伊吹童子とよばれて大男に成長し、乱暴をはたらいて比叡山に入門させられる。しかしそのスケールの大きさに恐れをなし山門から討伐されようとしたが、それを察知した伊吹童子は比叡山を逃れて丹波の大江山に身を隠して、酒呑童子となったなど、弥三郎伝説はさまざまな話として伝わっている。

伊吹山中ではそうした弥三郎伝説から伝わった地名も多くある。弥三郎が夏に住んだといわれている「弥三郎岩屋」、伊吹童子が住んだとされる「伊吹童子岩屋」、弥三郎が周りから攻められたときに反撃する目的で集められた石が転がる「ヨセゴロ」、弥三郎が山から山へと移るときに大股で跳んだ「百間廊下」など、弥三郎伝説の楽しい地名が残されている。

（一七九～一八二ページ参照）

清滝山《きよたきやま》

● 徳源院（30分）尾根の峠（15分）清滝山（45分）徳源院

伊吹山はどこからの眺めが一番いいのか。この答えはそれぞれ見る人によって違うだろうが、三島池からの眺めが名景として知られている。池を前にしての姿はたしかに美しいが、西北の採石場が大きく見えるのが残念だ。車で方々からの伊吹山を見るが、山麓からでは藤川や寺林付近のゆるやかに広がる棚田越しに見るのもなかなかのものだ。山の上からだと清滝山からが、距離といい角度といい、最も美しい姿が見られるのではないだろうか。清滝山からは近すぎず遠すぎず、伊吹野の広がりの上に立つ伊吹山の姿に、スケールの大きさと気高さを感じる。

雪の伊吹の姿を眺めたくて清滝山へと登った。徳源院の駐車場に車を置いて、徳源院に向かう。**徳源院**は京極家歴代の菩提寺で、境内には**道誉《どうよ》桜**という見事なしだれ桜がある。この春に道誉桜を見たくて訪ねてみたが、残念なことにすでに葉桜となっていた。そして左手には小さな朱塗りの美しい**三重塔**がある。まず徳源院をぶらぶらと散策してから登り始めた。

林道から浅く広がった谷の山道となるが、べったりと雪がついている。先行

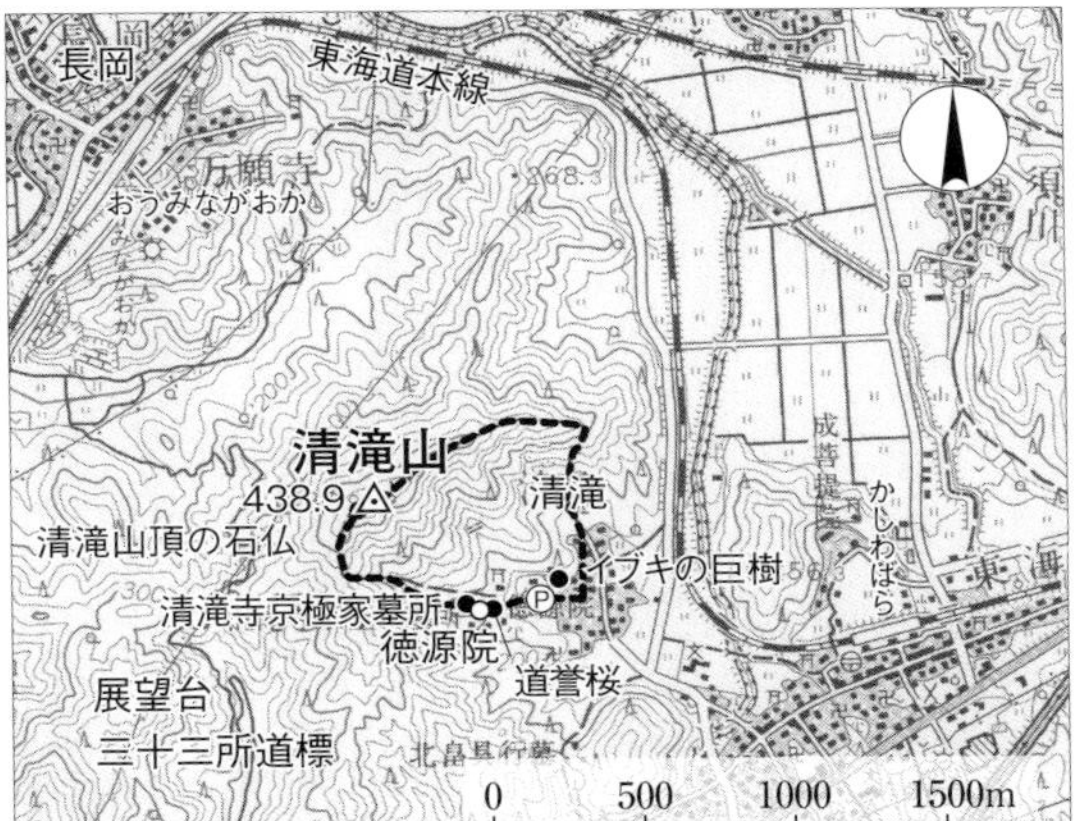

徳源院の三重塔

徳源院の道誉桜

者の足跡に重ねてもぐらないように歩いた。稜線に登ったところで右へと尾根道を登るが、日当たりがよくもう雪はまったくない。よく手入れされた道を一登りすると頂上だ。頂上には電波塔のコンクリート建物があり大きな眺望が広がっている。なんといってもまず目がいくのは、真正面の**伊吹山**の姿である。**雪の伊吹**の姿を見るにはもう遅いかなと思っていたが、まだかなり白かった。西側は小さな丘のような山が入り組む伊吹野からさらに遠くに、琵琶湖がかすんでいる。東側は鈴鹿の霊仙山《りょうぜんさん》が間近に迫り、伊吹山と鈴鹿山系とが押し合いをする谷合いに、名神高速道、国道二一号線、ＪＲ東海道本線、新幹線と日本の大動脈となる幹線がひしめいているのが眺められる。頂上で昼を食べている間にぼやっと下界を見ていると、電車が通り、車が連なり走っているのに、この山上ではその速度がまったく感じられず、時間がゆっくりと流れているような気になる。

尾根をそのまま進むと、清滝の集落へと下る道が続く、春には**ミツバツツジ**のピンクが華やかに花をつけ、道誉桜と合わせて楽しめるベストシーズンとな

峠からの登山道

徳源院と清滝山

る。尾根から右へと下り小さな流れに出合うともうすぐ清滝の集落だ。清滝に出て駐車場へと戻る途中、巨樹の標識が目について、集落の間の細い道を少し歩くと、木が見えてきた。民家の庭のようなところに祠《ほこら》が祀《まつ》られ、一本の針葉樹が立っていた。**イブキ**というヒノキ科ビャクシン属の常緑樹で、盆栽にある真柏というのも同じイブキの仲間だそうだが、巨樹の風格を感じさせる素晴らしい木だった。伊吹山を見に来てまたイブキの木を見るというのも何かの縁だろうか。

清滝山山頂から伊吹山を望む

山頂から東方を望む

清滝のイブキの木

尾根道に咲くミツバツツジ

岩倉山《いわくらやま》

●玉（1時間）岩倉山

岩倉山も清滝山《きよたきやま》と同じく、伊吹の眺めを期待して玉《たま》から県境稜線通しに登ってみた。ところが、北側の滋賀県側がずっと植林帯で開けたところも全然なく、見事に肩すかしをくわされた。伊吹山を目の前に望むのでよい眺望コースとなるだろうと登ってみたのだが、まったく伊吹山を望むことなく下りてきた。ただこの山の山麓周辺では、素晴らしい眺望を望めるところが何箇所もあり、何度か車を停めてカメラを構えている。

国道三六五号線の滋賀と岐阜の県境を越えて岐阜県側へと少し入ったところに、右に流れる**藤古川を渡る高い橋**がある。ここから西側に連なるのが岩倉山をはじめとした三〇〇ｍほどの丘陵上の山々で、その稜線に県境があり、今須《います》に至って鈴鹿山脈の北端に繋がっている。

岩倉山の東の端を送電線が横切っているので、この巡視路から取り付くことにした。少し登ると鉄塔に着き、ここからは登りやすいところを高みに向かった。県境稜線なので道は伐り開かれているだろうと思っていたが、意外としっかりとした道がなかった。カレンフェルトが突き出す典型的な石灰岩の山で、

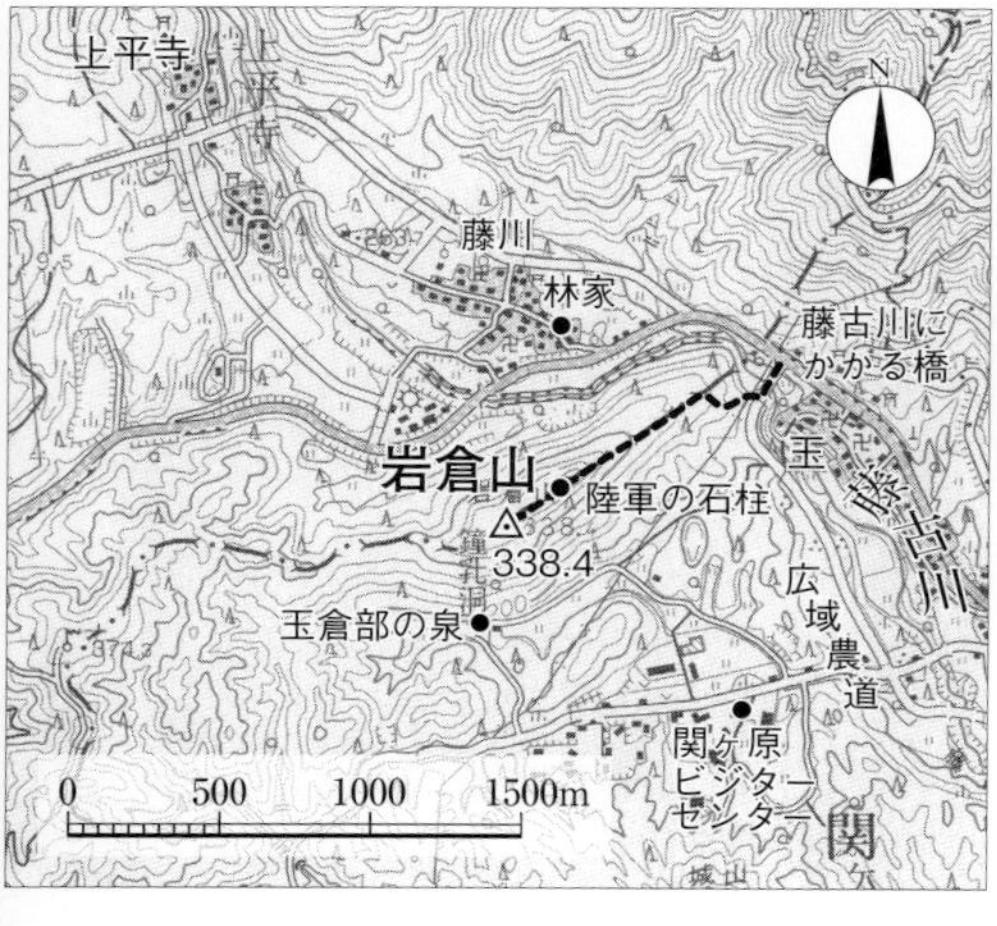

藤古川の橋から玉集落を見る

左側の岐阜県側は以前に伐られたまま放置され、茂り放題の雑木林となっている。北側の滋賀県側は植林されて見通しはまったくきかない。稜線にはコンクリート製の古い柵が続き、錆びた鉄条網が残る異様な風景が続いた。コンクリートには陸軍という文字が読める。ということは戦前、軍の施設があったのか。

歩きにくい藪を分け、カレンフェルトをさけながら登ったが、三角点になかなか出合わない。このあたりかなと思うところを随分と探したのだが、結局見つけられなかった。岩倉山という小さな札が木につけられているところが頂上のような雰囲気だったが、三角点はなかった。できたら県境尾根を進んで、南側の鍾乳洞へと下りてみようと思っていたのに、藪がひどくて展望もきかないので、行く気をなくして、元のルートを戻り気分が乗らないまま下山となった。

山中の陸軍とあった柵が気になっていたところ、帰りに伊吹山文化資料館に立ち寄り、置かれている米原文化財ニュース『佐加太』に、この岩倉山のことが書かれている号を偶然見つけた。それによると陸軍何とかとあったのは**陸軍境という標柱**で、ここには東洋一という陸軍の施設があったという。それは「玉の火薬庫」と呼ばれたもので、正式名称は「名古屋陸軍兵器補給廠関ヶ原分廠」といい、敷地約四五〇ヘクタールという広大なものであった。岩倉山と南の城山とを境にした敷地で、現在の関ヶ原ビジターセンターや閉鎖になったメナードランドあたりが中心部となっていたのだろう。それにしても物騒なものがあったものだ。

「陸軍境」の標柱

岩倉山北麓から伊吹山を望む

南宮山《なんぐうさん》

●南宮大社（1時間）毛利陣跡（20分）南宮山

伊吹山とその周辺を歩いていると、さまざまなところで関ヶ原の合戦の旧跡や逸話に出合う。天下分け目の戦いという歴史のうねりは、今もこの地に大きな足跡を残しており興味がつきない。合戦が行なわれた関ヶ原の南側、伊吹山を見上げる位置にある南宮山も、当然そんな歴史の渦に大きく巻き込まれた山である。標高四一九・二mの小さな山で、山登りの対象としてだけみれば、そんなに魅力を感じる山ではないのだが、関ヶ原の合戦でのこの山の関わりは小さなものではなく、合戦史話を知るにつけ、やはり一度は歩いておかなければ、という気にさせられたのである。

関ヶ原の合戦については、明治の世になって政府の軍事顧問となったドイツのメッケル少佐が、関ヶ原合戦の布陣をみて即座に西軍の勝ちを断言したという話がよく書かれている。その布陣を素人目で見てもそのように感じるし、対戦前の兵力数も西軍の方が上だった。

しかし当初互角だった戦いが、松尾山に布陣していた西軍の小早川秀秋の裏

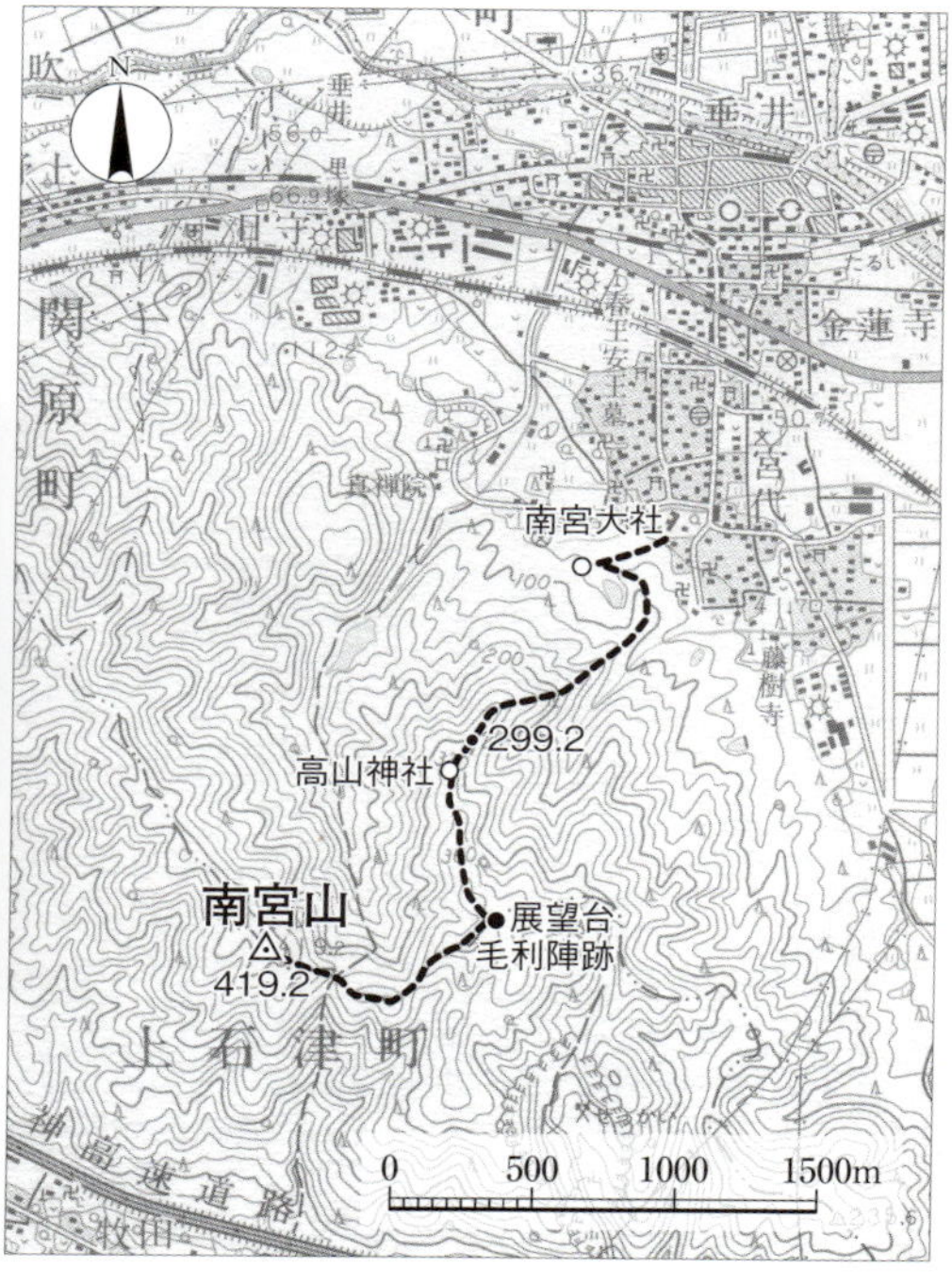

毛利秀元の陣跡，展望台となっている

切りにより、東軍の勝利へと一気に傾いてしまった。南宮山に布陣した西軍の総大将格の毛利秀元も、小早川氏とともに毛利両川として本家を支えた吉川広家に抑えられてまったく動かず、西軍有利とされたその布陣は機能しなかった。

南宮山の**毛利秀元の陣跡**まで登ってみると、その陣はかなり高いところにあった。甲冑に身を構えた騎馬武者が簡単に動けるようなところとは思えないし、現在は合戦地とは逆方向の眺望しか望めないが、下との距離が有りすぎるように思えた。「毛利さん、ホンマにやる気あったん？」と聞きたくなるような山の上だ。参戦させないように吉川広家に高所に上げさせられたのだろうか。

一方の笹尾《ささお》山に陣する石田三成の陣跡も登ってみたが、ここは下から騎馬で上がれそうで、見晴らしも抜群だった。そのすぐ下は柵で囲った島左近の陣があり、みるからにやる気満々に感じられた。この三成の陣は、家康最後の本陣跡から実際に歩いてみると、徒歩でも数十分である。十数万の軍勢が相まみえた地にしては想像以上に狭い場所に入り乱れて戦ったのだ。もちろん十数万が一堂に戦っているわけではなく、実際に刃を交えているのは数千人くらいかも知れないが、それにしてもかなりの接近戦だったことがわかる。

こうして関ヶ原一帯を歩き、笹尾山や南宮山に登って見ると、時を隔ててその時の動きがかすかだが伝わってくるし、人々の気持ちまで想像することができる。そんなライブ感を少しでも味わうのは結構楽しいものである。

南宮山は**南宮大社**から登り始める。南宮大社は金山彦命《かなやまひこのみこと》を祀る金属を司る

南宮大社

毛利陣跡へ登る登山道

神様で、合戦では戦火に遭って焼け落ちたという。それを徳川家光が今の社殿に再興した。さすが美濃一の宮だけあって、朱塗りが映える立派な神社だった。

南宮大社の横に南宮山ハイキングコースの道標が立てられている。すぐ稲荷社があって、ここから左へと進む道と、稲荷社を抜けて通じている西コースとに分かれる。左がメインの道のようで道標も左を指している。道はしっかりと手入れされており、早くも下ってくる人とすれ違う。身軽な服装で、一人歩きの年輩の婦人とも出合い挨拶を交わしてゆく。すぐ近所の方なのだろう、健康のための早朝登山コースとして親しまれているようだ。

常緑樹林と植林の暗い道が続いている。途中でガサッと音がしてびくっとすると、シカが二頭、林の中を飛び跳ねて行った。高山神社の祠《ほこら》をすぎゆったりとした登りを登ると、やがて毛利秀元陣跡に着く。望遠鏡を据えた東屋《あずまや》風の休憩舎とベンチが置かれた広場で、よい休憩場所だ。

早朝登山の人はここで引き返して行くようで、ここから南宮山頂上までは道も悪くなる。ここまでの道が良かっただけに、暗い植林地の中の細々とした道は、これで合っているのかなと思わせるほどの頼りなさだ。二箇所のアップダウンを経て登り着いた頂上は、あまり頂上らしさが感じられず、登山道にある**三角点**を見てはじめて頂上だと分かるところだった。歩く人が多い割りには静かな山だった。もう少し歩いてみたいところだが、予定があって引き返した。下りは途中で分かれる西コースを下って稲荷社へ出た。

稲荷社近くの池

三角点のある南宮山頂上

V

伊吹山周辺の峠道を探る

ある日の峠道

雪の稜線を下ると乾いた落ち葉の道になった。初冬の午後の陽をいっぱいに浴びながら、落ち葉に埋まった峠道を、ザクザクと音を響かせながら下ってゆく。

冷たくピーンと張りつめたような稜線での空気が、下るにつれてほどけ、体も気持ちもゆるんでくるこの解放感、何ともいえない心地よさが込み上げてくる。

一人の山の寂しさを紛らわすように、落ち葉の積もった峠道に腰を下ろしてお茶を沸かしていると鼻歌が出てきた。ひとりの山もいいものだ。

伊吹山へと入れ込むようになったそもそものきっかけが峠道だった。板並《いたなみ》から国見峠を辿る春日村への道、笹又《ささまた》から近江へと越える上平寺越《じょうへいじごえ》や笹又で焼いた炭を運んだという、関ヶ原の玉《たま》への道。そしてその峠道につきものの石仏が心に残って、峠道への探索を始めたのだった。峠道といっても集落間を行き来する峠道だけでなく、山に生きる人々が辿った跡、そんな細々としたあやふやな踏み跡に、昔の人々の生活の残像を追ってみたかった。

どこの谷や尾根を歩いても炭焼きの窯跡に出合う。窯跡があれば麓の家から通う道、焼いた炭を運ぶ道があった。今は草がぼうぼうと茂るところにも、踏みならした道が続いていたのである。たった一人の人間が歩いたか細い道が、この大きく深い山中に通じていた。炭焼きが盛んに行なわれた頃は、こんな道が縦横に通じていたのではないだろうか。こうした山で暮らした人のかすかな痕跡は、私の山へと向かう目を広げてくれたし、かすかな道を追いかけているのが楽しかった。

また書物によっても人々の暮らしを知り、その跡を辿ってみた。出合った道を歩くと小さな石仏が祀《まつ》られていた。この道はやがては草に埋もれて行く手を阻まれてしまったが、一時にせよ人がいきいきと暮らした跡を見たことは嬉しかった。探し歩いてそして見つけた痕跡、それが残された資料とまた繋がって、次第に遠い人々の暮らしが近づいてくるのを感じることがあった。登山の悦びとは少し離れてはいるが、これもまた山を歩いて知る、悦びのひとつだと思う。

炭焼き窯（春日の山里）

上平寺越《じょうへいじごえ》（川戸谷から）

●上平寺（45分）川戸谷（1時間）上平寺越（1時間）上平寺

笹又の畑の中を登っていると、登山道はそこと違うぞと声をかけられた。子供の頃ここに住んでいて、今は垂井《たるい》から休日に畑などをしにきている方で、話を聞くうちに炭焼きが盛んだった頃の、昔の笹又の話となった。現在、旧笹又集落の中心に祀られている石仏（五三ページ参照）は、山から下ろしてきたものだと聞かされた。盛んに焼かれた炭は、関ヶ原の玉にあった問屋へと運ばれたそうだが、その道の途中に祀られていた石仏だったという。

そんな昔の峠道や炭焼きの人たちが歩いた道を調べてみたくて、古くから知られた上平寺越を滋賀県側から歩いてみた。

滋賀県側の取り付きは上平寺集落奥、川戸谷林道の谷がぐにゃりと曲がり、かたかなのコの字型になったところ。古い五万図はここから山稜コルの上平寺越があったと思われる地点へと真っ直ぐに上がっている。

私たちもこの地点の尾根から取り付いたが、いきなり藪に阻まれた。右の小さな谷に逃げ少し登ってから左の尾根に上がると、はっきりとしないが踏み跡があった。これを辿ると途中で浅くなった谷を横切って右の尾根に移ったところで、比較的明瞭な踏み跡と出合う。周囲は伐採、植林されているので、山仕

上平寺越から下った尾根（滋賀県側）

事用の道のようで、じぐざぐもない直登の急な登りが続いていて、とてもこれが昔の峠道とは思えなかった。ドライブウェイが山稜を越えているコルは、この尾根からは谷を隔てた右側なので、普通に考えるともっと右へと斜面を振って行かねばならない。峠道が昔の地図通りだとすると、左に振りすぎているが、コル付近の稜線の下はどこもかなりの急傾斜だ。

結局、最後に真っ直ぐに登る踏み跡と出合い、これを詰めてみるとドライブウェイ途中の、休憩所の広い駐車場に出た。ひょっとしたらこれが昔の峠道なのかなと思ったが、後でドライブウェイの従業員の方にその道のことを話してみると、この道は工事現場の水を取るため使った道だったことが分かった。建設中はこの休憩所に飯場があったのだろう。

コルへとドライブウェイを少し下って、道が大きく曲がる広場から笹又側の尾根へと入ってみた。こちら側は雑木林が続き、なかなか雰囲気のある尾根だった。すぐにしっかりとした踏み跡がありこれを下って歩いてみると、昔よく使われた道であることが分かった。ルート的にもこの道が上平寺越の岐阜県側の峠道に間違いなかった。岐阜県側は近年まで炭焼きなどで、よく使われていたので残っているのだろうが、やはり滋賀県側はもうかなりの年月歩かれなかったので、消滅してしまったようだ。

この道は美しい尾根道で、尾根の右が植林で左の北側が雑木林になっている。だらだらと下ると広い平坦な尾根となった。ここで道が分かりにくくなりうろ

峠道を探しながら登り着いたドライブウェイ休憩所

播隆屋敷から移されたという上平寺越の祠跡
（現在は笹又集落の中央にある。p.53参照）

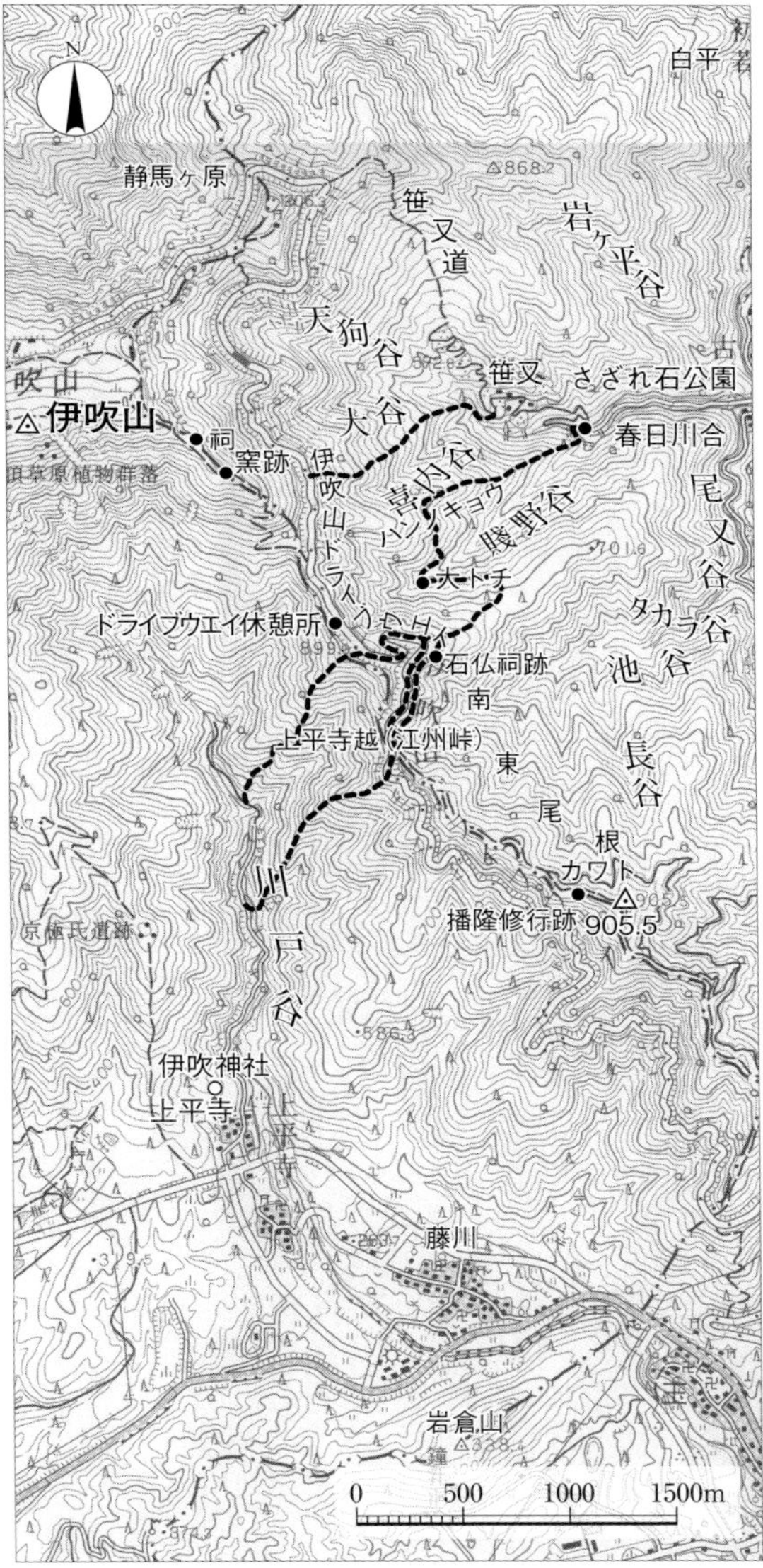

うろとしたが、地図の通り北側の谷へと下る道が見つかり辿ってみた。しかし、しばらく進むと次第にあやふやとなり、地図にある六〇二m地点へと下る谷の斜面で分からなくなった。ここは広々とした急な斜面で、数本の見事な**トチの巨木**があり、周辺にはいくつもの炭焼きの窯跡が残されていた。この谷は賤野《ざいの》谷といい、流れまで下ってみたが先の道筋がつかめずここで引き返した。

元の道を戻り、ドライブウェイへと出ようとしたが、まだ道が稜線のコルへと向かっているので辿ってみると、祠を祀る台座が置かれていたような跡を発見した。これが今笹又に祀られている、峠道から下ろしてきたという石仏のあ

賤野谷602m付近にある炭焼き窯跡

った所なのだろう。この道は少し先でドライブウェイ手前の斜面に呑み込まれてしまっていた。

やはりこの稜線コルが春日谷側からは江州《ごうしゅう》峠と呼ばれていた、上平寺越の峠だったのだろう。関ヶ原の玉や藤川への道は、ここからドライブウェイとは反対側の、現在の二万五千図にある破線路の通り、稜線付近を通っていたと思われる。コルから滋賀県側へと回って道を探してみたが、斜面の傾斜はかなり急で、道が有りそうに思えなかった。

川戸谷への下りにとったルートは、上平寺越を探しながら登った尾根の一つ南隣の尾根で、稜線のコルから下っている。この尾根も伐採、植林されており、仕事道が下まで続いていた。そんなに藪をこぐこともなく下れ、下りたところは林道が流れを渡る橋から折り返すように分岐して延びている林道だった。この尾根に峠道があったことも考えられるが、道は古くからあるような道ではなく、新しく造られた仕事道のようだった。

上平寺越《じょうへいじごえ》（笹又から）

●笹又（1時間）上平寺越（1時間）賤野谷（1時間30分）笹又

ドライブウェイ東側（岐阜県側）の峠道

峠道の賤野谷斜面にある大トチ

上平寺越の滋賀県側を歩いたが、峠道はほとんど消え去っていた。しかしドライブウェイが山稜を越えるコル付近からの岐阜県側は、賤野《ざいの》谷の流れに出合う六〇二mまでは確認することができた。二万五千図にはその**六〇二m地点**から、そのまま谷通しに破線が延びて、笹又《ささまた》集落下流に出ている。しかしこのルートは、現在は道も消え去っているようで、六〇二m地点周辺で道を探したが見つからなかった。後日古い五万図を見ると、六〇二m地点から北側の尾根を巻くように笹又まで破線路が続いて、谷への破線は記入されていない。それとこの五万図にはもうひとつ興味あるルートが示されていた。それは笹又集落から南西に稜線まで延びている二本の破線路である。この破線を確認したくて、笹又から歩いてみた。

まずは笹又から南西に小さな急な尾根を登っている破線から辿ってみた。集落の西から浅く切れ込む谷が、伊吹山の頂上に向けて一気に延び上がっているが、破線はこの谷の付け根から斜面を登って行く。ミヤマキケマンの咲く流れの横を探ると、一筋の踏み跡を見つけた。これを辿って行くと、やはり登るにつれあいまいになってしまい、もう道とはいえないかすかな痕跡になってしまった。炭焼きの窯跡が随所に見られたので、往時盛んに使われたと見られるが、今はこのあたりの斜面を歩く人などまったくないのだろう。道跡といっても最近に歩かれた形跡がまったくない。しかし春浅い今はどこでも歩けるので、そんなに苦にせずドライブウェイまで上がった。もう一本北側の破線もこのルー

賤野谷602m地点

笹又から上平寺越へ

トと同じようなものであろう。稜線へと上がっている位置からして、とても上平寺越とは思えない。これらのルートは炭焼きや薬草の採取などで、笹又から南東尾根や川戸谷へのルートとして使われたものではないだろうか。

せっかくここまで来たので、以前から気になっていた静馬《しずま》ヶ原のザゼンソウを見に行くことにした。雪の残るドライブウェイを歩いて、静馬ヶ原の茶褐色に枯れた斜面に下りると、チョコレート色や鮮やかな緑色の座禅を組んだ僧が、いくつも並んでいた。ザゼンソウは珍しい花ではないが、関西の山ではあまり目にすることはない。

ドライブウェイを戻り、山稜の上平寺越があったと思われるコルから、以前に歩いた上平寺越の岐阜県側をもう一度歩いてみた。尾根の峠道から、**トチの大木**のある斜面を下り六〇二mの谷へと下りた。前回は秋だったが、今回もまだ緑には早いので、同じような雰囲気だ。相変わらず雰囲気のいい斜面で、緑の中も歩いて見たいが、暖かくなるとヒルの発生が凄いらしい。

谷はやはり道らしいものはなく、昔の五万図にある六〇〇m付近をトラバースする道も分からなかった。強引に斜面を横へと進み、尾根へと乗ったところで、そのまま尾根を下ることにした。この尾根はさざれ石公園のすぐ下流あたりへと続いている尾根で、下るうちにしっかりとした道と出合った。植林されているのでその山仕事用の道で、この道を辿ると、ちょうど笹又登り口のさざれ石公園の駐車場のところへと出てきた。

上平寺越道（岐阜県側）

関ヶ原・玉《たま》から笹又《ささまた》へ

●玉（1時間30分）藤川越（1時間）玉

笹又から関ヶ原の玉にあった問屋へと焼いた炭を運んだと、笹又に住んでいた方から話を聞かされ、その道はどんなコースだったのかと大いに興味がわいた。

炭焼き窯は笹又山中に散らばっていただろうが、関ヶ原へと至る道への基点となるのは、地図を見てみるとやはりドライブウェイが稜線の西側から東側へと移っている、上平寺越《じょうへいじごえ》があったコル付近だと思われた。ここには以前に上平寺越を歩いた時に、祠《ほこら》が祀《まつ》られていた跡地を見ているが、笹又に祀られている石仏がここに祀られていたとすると、笹又の方々に散らばる窯から、この付近へと道が集中していたと想像するのが自然のように思われる。

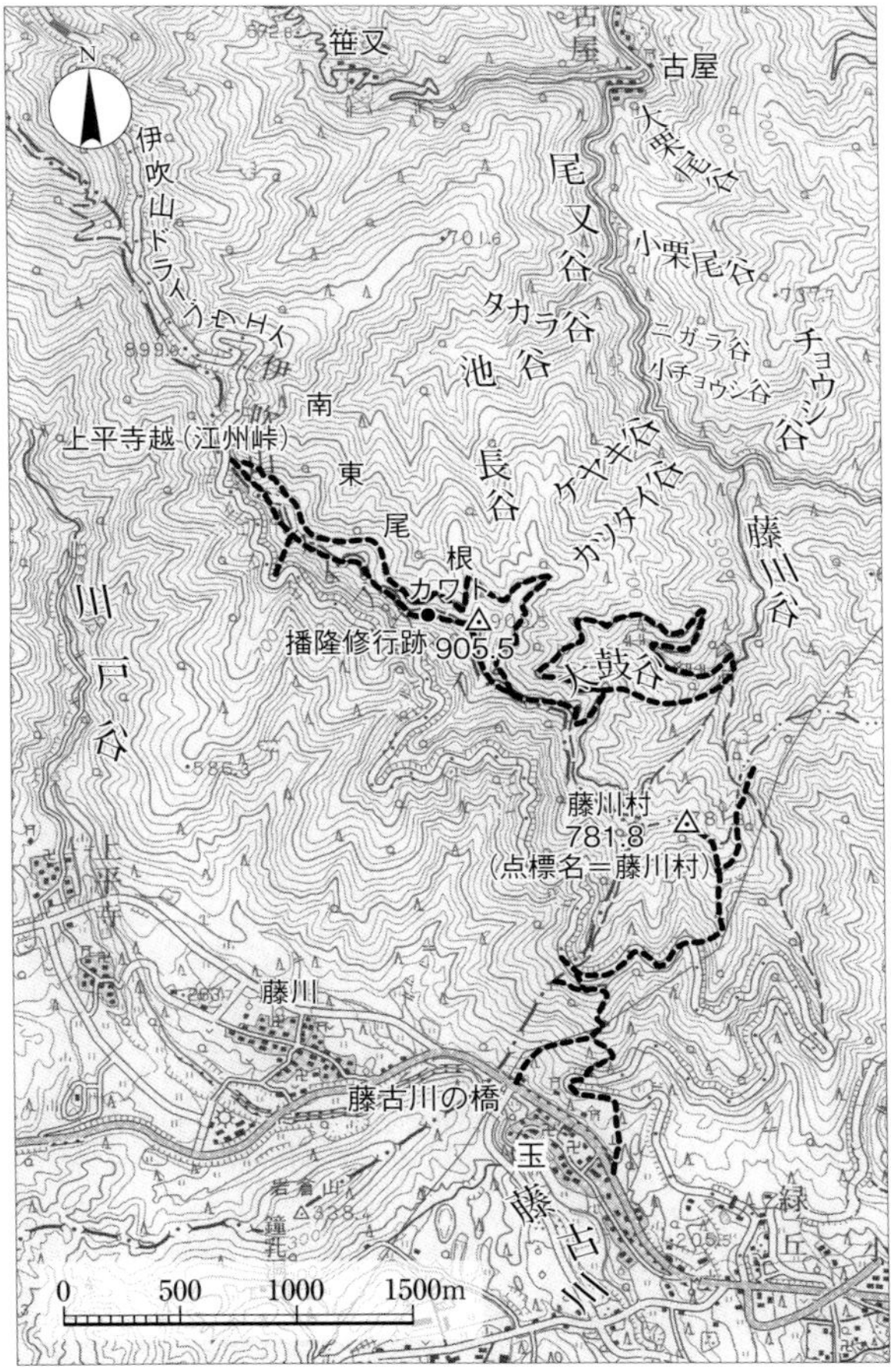

ドライブウェイはここから下は尾根の西側を通過しているが、二万五千図を見ると、稜線の東側には岐阜県側から上がってきている林道が延びており、それとほぼ平行して道の破線も続いている。そしてこの道から滋賀県の藤川と岐阜県の玉へと下る二本の破線が記されている。おそらくはこのルートが、焼いた炭を玉へと運んだ道だったのだろう。

そこで**玉**から破線のルートを辿ってみることにした。この破線ルートの一部は、送電線の巡視路と重なっているので、取り付きやすい巡視路から登ってみた。玉の手前、藤古川の大きな橋の側にその巡視路の登り口がある。

巡視路は溝状の浅い谷の斜面を横切って、昔の五万図や現在の二万五千に破線が描かれている右の尾根へと移っている。これが玉へと下るルートとなっていたと思われ、尾根には古い道が残されていた。今ではすぐ横の歩きやすいところを選んで、巡視路が造られていた。巡視路の方は整備もされているので、簡単にドライブウェイまで上がれた。

ドライブウェイの冬季休業に合わせてきたので道路を歩くのは問題ない。ここから上へと破線のある尾根に取り付けるところを探してみたが、道が続いているようなところは見当たらなかった。そこで道路を右へ少し歩いて、破線の尾根の右側の送電線の尾根を登ってみることにした。

小さな谷に関電巡視路の標識があり、急な斜面を登ったところに鉄塔がある。この付近はほとんど伐採後に植林された斜面で、見晴らしがよくきいていた。

玉の街並み

玉の南から伊吹山を望む

この巡視路は△七八一・八mの下で尾根を右に回り込み東へと進んで行ったので、適当なところで昼にして△七八一・八m下の道が尾根を回り込むところまで戻った。

今度は尾根をそのまま真っ直ぐに△七八一・八mまで登ってみた。しかし稜線はいばらが多く、もう少しで破線の道が藤川谷から稜線まで登っているところまで行けるのだが、藪に負けて戻ってしまった。ここからは伊吹へと延び上がる稜線が眺められ、長谷川の藤川谷から上がってきた林道が山腹をうねうねと進んでいるのが見渡せた。

元の道を戻りドライブウェイから巡視路を少し下ったところで、右へと山腹を進むしっかりとした道があるのに気づきこれを少し辿ってみた。この道も途中でまた分からなくなったが、どうやら藤川へと下る道のようだ。もう少し歩いてみたかったがもう時間切れだ。また巡視路へと戻り、登りの時に気が付いていた、巡視路と分かれてそのまま尾根を下っている昔の道を下ることにした。

この道はしっかりとしたものでなく分かりにくかったが何とか辿れた。ドライブウェイに出たところもほぼ地図の破線通りだった。ドライブウェイのヘアピンカーブを下り、地図の実線の道らしきところへ入ってみたが、実線の道は分からず谷の山腹の道をそのまま下った。崩れたところも多くかなり荒れていたが道は残っており、玉の国道横の墓地に出た。最後は往時使われていた道かどうかは不明だが、なかなか面白い道探しの一日だった。

玉の峠道

藤川谷から南東尾根・上平寺越

●藤川谷（1時間）九〇五・五m（30分）播隆修行跡（1時間）上平寺越

関ヶ原の玉《たま》から△七八一・八m（藤川村）に登って笹又から通じる峠道を探してみたので、今度は稜線の向こう側、長谷川《ながたに》（古屋から上流は尾又谷と呼ばれているようだ）源流の藤川谷から入って南東尾根を歩いてみた。藤川谷には南東尾根へと延びる山林作業用の林道が入っており、この林道と稜線の旧道とがほぼ重なっている。

長谷川は源流で二股となり、左俣が**岩手峠**《いわで》から垂井《たるい》へ、右俣は藤川谷から関ヶ原や滋賀県の藤川へと通じる峠道が越えていた。藤川谷という名称も藤川へと越えるルートであることを示しており、春日谷と南の平野部とを結ぶ峠道として多くの人たちによって利用されてきたのだろう。関ヶ原の合戦での落武者たちもこの峠道を越えて春日谷へと逃れたのではないだろうか。

藤川谷流域は広く山林作業用林道が延びているのをみても分かるように、檜や杉が植林されているところが多く、ほとんどの斜面が伐採を受けているので、峠道が盛んに使われた炭焼き時代の面影はなくなっている。玉からの△七八一・八m付近までのルートも、昔の峠道の痕跡が残っていたものの、ずっと辿

岩手峠

ることは難しい状態となっていた。ましてや南東尾根の上平寺越から△七八一・八ｍまでは、峠道があったと思われるところと現在の林道はほぼ同じルートで重なっているので、旧道がはっきりと残されているとは思われなかった。

藤川谷林道の谷が三俣に分かれるところの、右の太鼓《たいこ》谷へと林道が入っていく基部に車を置いた。当初の予定は二万五千図に破線が入っている△七八一・八ｍの北のピークに登っている尾根を登るつもりでいたのに、車を置いたところから何も考えずに、つい目の前の尾根に取り付いてしまった。この尾根は破線の尾根から谷をはさんだ一つ隣の尾根だった。

尾根はほとんどが檜の植林地で、その仕事道があって下刈りもされていて登りやすい。途中で掘れ込まれた昔の道も出てきたが、下刈りされた灌木が埋まっているので、古い道の方はほとんど歩けなかった。登って行くと林道が三叉路となったところに出たので、尾根通しはやめ、稜線までは林道を登った。

林道が稜線に出たところからしばらく、尾根上に林道は延びている。昔の道はないかと探すとすぐ横に道型が残されていた。稜線が九〇五・五ｍの登りにかかると林道は右を巻いている。ここで林道と離れて尾根

通しに進むことにした。県境稜線は滋賀県側が雑木林で、岐阜県側は檜の植林がされている。九〇五・五ｍまでは滋賀県側の斜面を歩いたが、シカの歩くケモノ道を利用しながら登った。林床にはカタクリの葉がたくさん出ているが一枚葉ばかり。花をつけているものはほとんどなかった。

九〇五・五ｍの三角点は灌木の中で、わずかに伐り開かれ**カワト**と書かれた発泡スチロールの板がころがっていた。この頂上から稜線を少し下ったところで右から古い道が合流している。岐阜県側斜面に旧道があったようで、ここからしばらくは稜線上に続くようになった。この道を追っていくと、ある鞍部で大きな石碑と遭遇した。こんなところになんだろうかと近寄ると、**播隆《ばんりゅう》上人修行跡**とあった。碑の前は小さな平地でヌタ場となっており、付近は比較的大きな木も多く、美しい雑木林を形成している。笹又にあるお地蔵様の解説板に、播隆上人の修行の地からこの地に移されたと書かれていたのは、ここのことだったのだ。碑には池谷《いけたに》の峯《みね》と入れられている。現在ではもうほとんど人が入るところではないが、峠道が使われていた頃は、炭焼きの人たちがここを行き来したことだろう。

播隆上人がここで修行したのは四十歳頃で、槍ヶ岳の開山はこれ以後のことになる。遠い年月が隔たっているので私にはぴんとはこないが、アルピニストの大先達ともいえる人が、伊吹山のこの地で厳しい修行をされていたのかと思うと、播隆がうんと近しい人に感じてきた。

林道とは別に昔の峠道が残っている

905.5m（カワト）の三角点

稜線は笹が多いが樹林帯は落ち着いた雰囲気となり、右の林道は離れずに平行している。約九〇〇mピークを越えて鞍部まで下ると、左から広く伐り開かれた道が上がってきていた。幅五～六mほどあるだろうか。この道を少し下ってみるとすぐ下にドライブウェイが見えてきた。戻って稜線を進むと、五～六m幅の伐り開きがそのまま続いている。どうやらこれはドライブウェイから重機で開いてきた道のようだ。何のためか、次のピークまで続いて終わっていた。

ここからはもう下りばかりだ。踏み跡が続き最後はロープがフィックスされていた。下りたところはドライブウェイが西斜面から東側に移るところで、昔の上平寺越だったと推定されるところだ。ここに**藤川林道**も合流している。帰りはこの藤川林道を戻った。

播隆上人修行跡

稜線の登山道

南東尾根の藤川林道

林道のすぐ横にある旧道

国見峠道《くにみとうげみち》

●板名古川モン谷出合（1時間）シブト地蔵（1時間）大滝村跡（1時間）国見峠

三十数年前、下板並《しもいたなみ》で峠道のことを聞いたある家のおばあちゃんから「モン谷から登るんやで」と教えられた言葉を思い出した。今、峠道の登り口はどうなっているだろうか、峠道はあるのだろうか。記憶に残っている石仏と再会できるのだろうかという、不安や期待が入り混じっていた。

板名古川《いたなご》の林道は**モン谷出合**で終わっていた。峠道は意外にもしっかりとした道として残っていた。尾根道はボンタオ（門田尾）坂と呼ばれている。周辺は伐採、植林されているのでその仕事道として使われているのであろう。尾根の途中に記憶には残っていなかったが、お地蔵さま（**シブト地蔵**）が祀《まつ》られ、新しい花が供えられていた。峠道は現在の二万五千図には消されているが、古い地形図を見てみると、このお地蔵さまの先で尾根をそのまま辿らず、タラシオと呼ばれていた右山腹をトラバースしながら、稜線の約七三〇m地点のコルへと出ている。この山腹の道はしばらくは歩けたのだが、伐採され陽が当たる斜面なので、途中からいばらのからむ藪の道と変わってきた。しかし、かろうじて道型は残っている。次第にひどくなった藪を我慢して分けていくと何とか

初冬のシブト地蔵

コルに出ることができた。このトラバース道はまったく記憶になかったということは、以前に来た時は問題なく歩けたのだろう。

国見峠へはここから隣の足保《あしきまた》川に下り、**足俣の谷**沿いの道を詰めて峠に出るという、変則型の峠道である。尾根を切り返すように道が続き、足俣へと下ろうとするところから不鮮明になった。薄い踏み跡らしきものを発見して足俣の流れへと下ったが、古い地図のルートとは違っていた。クロ坂、ナベワリ坂と呼ばれる下りで、この時下ったのは昔の峠道ではなかったように思われる。そして流れに下りたところから先はまったく道はなくなっていた。この地点には昔大滝村と呼ばれた集落があって、水田も耕作されていたという。また板名古川の奥には炭山村という集落もあったという。炭山村は板名古川を六kmも遡った谷あいにあった十数戸の村で、里の人とはあまり関わりなく生活していたというところからすれば、彼らは美濃の春日谷から越えてきた木地師の

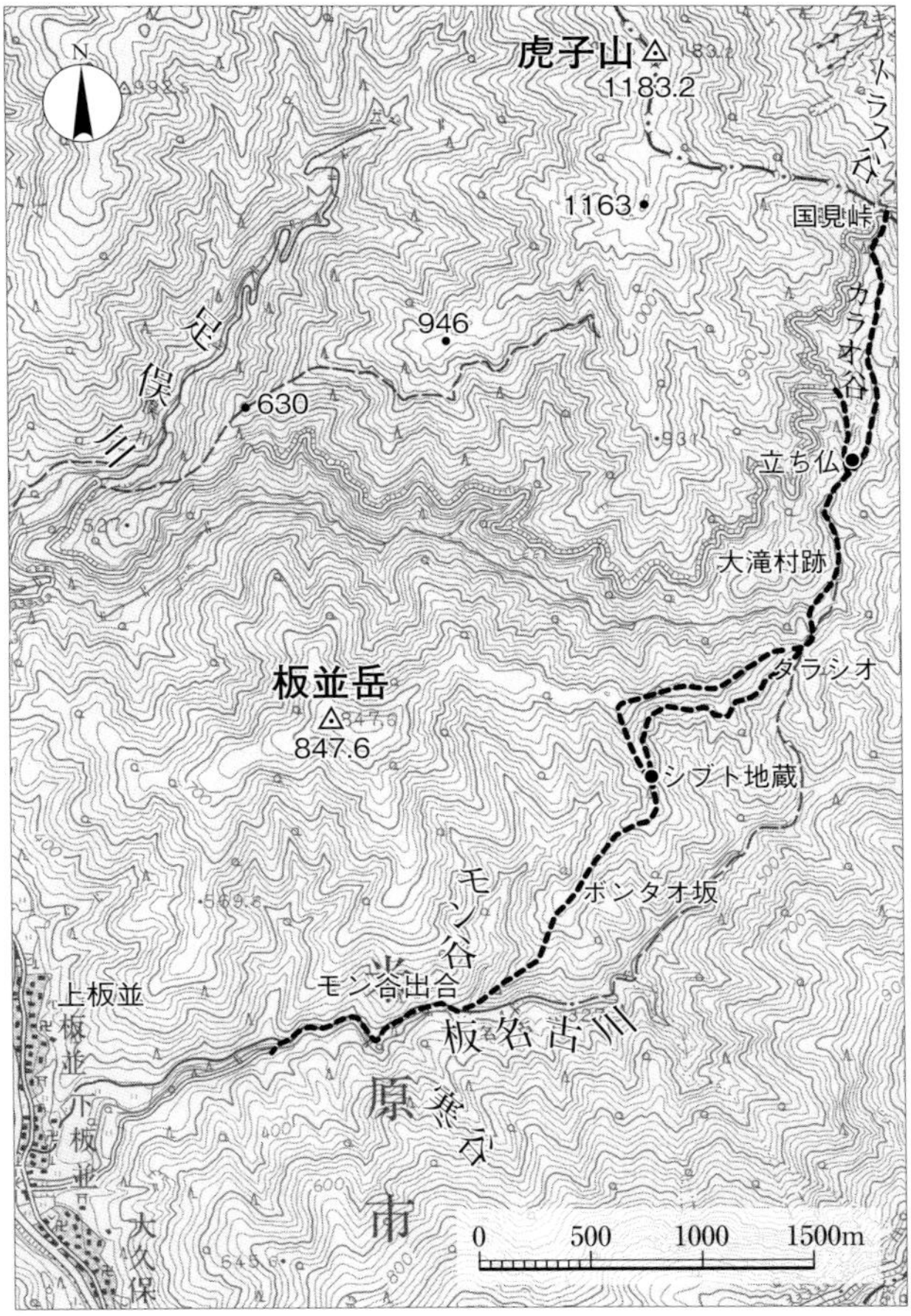

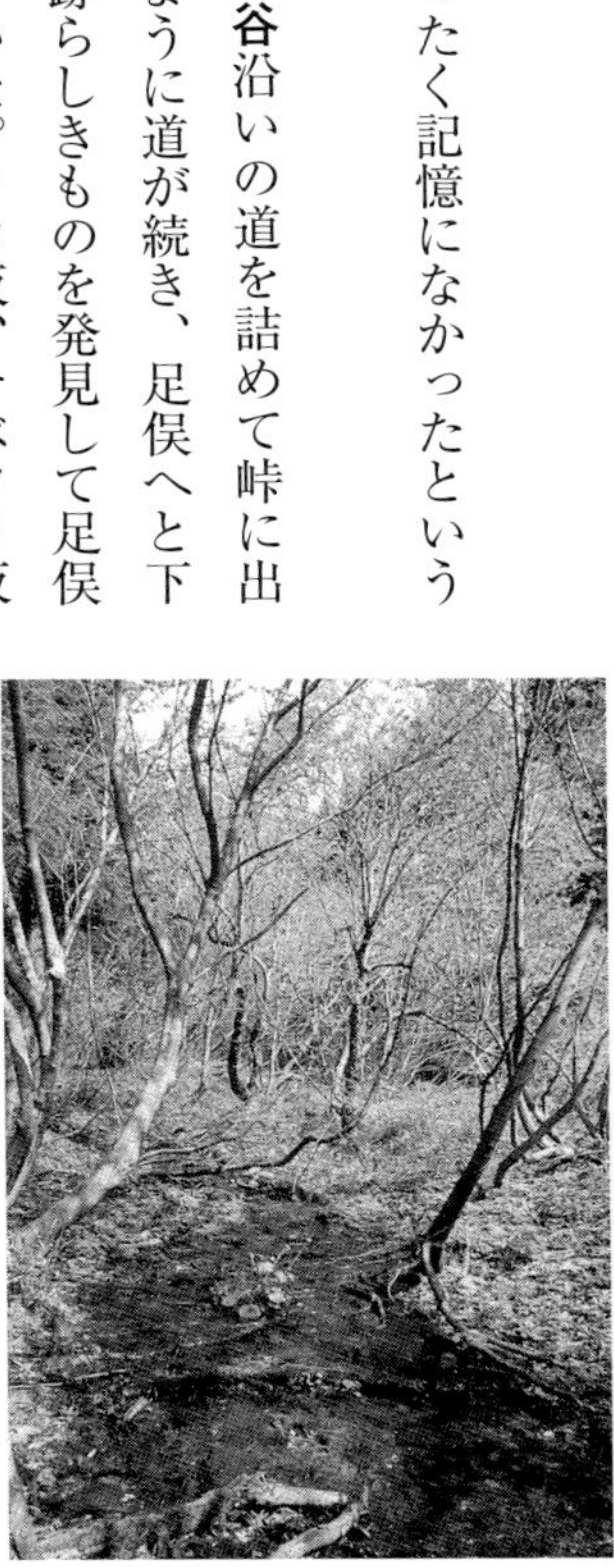

足俣（アシキマタ）

人たちだったのではないだろうか。江戸時代の終わりには村もなかったという。

大滝村の方は明治にはまだ人が住んでいたというが、尾根を越えたところにあった炭山村との関係はどうなのだろうか。炭山村の住人が移動したとも考えられそうだ。ここは国見峠道の途中にあるので私も通っているが、村があったとはまったく気付かなかった。何度か歩いているが、今はもう木々に覆われてその面影は感じられなかった。以前歩いた時はここから峠まで問題なく辿れたはずである。そしてこの先に寝転がった石仏があったとかすかに記憶しているが、流れは水量が多くて登山靴ではとても進めず、残念ながらここまでで引き返すことにした。

峠道はこの三十数年の間で大分変わっていた。足俣川の斜面には林道があり、国見峠まで開通している。以前に歩いた時、峠はどうなっていたか記憶にないが、岐阜県側は林道が峠のすぐそこまできていたように思う。徒歩でこの峠を越えていたのは、もう五十年くらい前まではないだろうか。記録を読んでみると、春日村側からの交流が多かったようで、峠を越えた**立ち仏**と呼ばれているお地蔵様のところまで春日村の人が草刈りをして道筋を確保していたという。山深い春日村の生活には欠かせない峠道となっていたのだろう。主に滋賀県側からは生活物資、岐阜県側からは木炭が運ばれていたという。

国見峠道を再訪できたのに、肝心の石仏を見ることができなかったし、足俣から先のルート確認もできなかった。そこで今度は**国見峠**から下りることにし

国見峠から伊吹山を望む

たが、欲張って板名古川から藪尾根を北尾根に登って、国見峠へと縦走した帰りに峠道を下るという、日帰りでは無謀な計画をしたため、国見峠に着いた時は四時を回っていた。六月の陽が長い頃とはいえ、かなり厳しい時間となった。

国見峠からカラオ谷へと下るとしっかりとした道があって少し安心した。昔の峠道を利用した山仕事の道で、ほぼ昔のルートだと思われた。ところが記憶に残った寝転がった石仏には出会うことができなかった。急いでいたのでどこかで見逃したかも知れないし、道のルートが変わっていたかも知れなかった。峠道には他の立派な石仏（立ち仏）があり、今も新しい花が手向けられていた。しかしこの石仏からは上の林道へと上がる道があるだけで、峠道はここでぷっつりとなくなっていた。

もう流れに沿って下るしかなかった。もともと道がないことも予想して渓流靴を履いてきていたので流れに沿って下るのはいいのだが、問題は時間だ。ここからは稜線のコルへと登る取り付きも近いはずなのだが、歩いていてもなかなか確認できなかった。しかし何とか以前歩いた道を見つけ出して、足俣川と**板名古川**を分ける稜線のコルに出ることができた。急いで峠道を下り明るさが残るうちに、板名古川林道に置いた車に辿り着いた。時間は七時三〇分、峠からは一度も休憩を取ることもない、ぎりぎりの登山となった。

峠道を通して歩けたものの、寝転がった石仏、長い年月の間に、私の頭の中で創造されていったのであろうか、それとも別の石仏と混同したのだろうか。

立ち仏

林道からの板名古川

こうして国見峠道を何度か歩いてから、ふと森本次男の『樹林の山旅』を手にして、懐かしくページをめくってみた。その中に泯《ほろ》びゆく峠（国見峠）の一文があり、久しぶりに読んでみると、国見峠や伊吹山の様子が綴られていた。昔から登山が盛んだったという当時の伊吹山のことがほとんど分からなかったのだが、本書によって昔の伊吹山の雰囲気が少し分かり、大滝村の跡と思われる様子も書かれていた。

本書の発行年は昭和十五年十二月で、この山行はそれより数年前くらいになるのだろうか。この紀行を読んでいても時代の距離感がそんなにも遠いとは思えなかった。炭焼きはすっかりなくなり、道も失われている箇所もあるが、国見峠道を歩いた感覚はそんなにも違っているようにも思えなかった。そしてさらに時代の隔たりを縮めおもしろく思ったのは、森本氏らも国見峠に出たところで足に血がにじんでいるのに気づき、ヒルにやられたことを知るところだ。私がこの谷を歩いた今も同じだというのにも、少し不思議な気がした。最近シカなどの野生動物の増加によってヒルが著しく増えているが、この周辺には昔からヒルがいたことを、この本によって初めて知らされたのだった。

《鉈ヶ岩屋と教如上人》

浄土真宗本願寺第一一世顕如《けんにょ》とその子教如《きょうにょ》は、織田信長に反抗し、反信長勢力と共に戦い抜いた。信長が本能寺で倒れ豊臣秀吉の時代となり、顕如が薨じて教如が本願寺の法灯を継ぐが、なぜか法主を廃され弟の准如がその座に座る。

やがて秀吉が亡くなると、天下をめぐっての争いとなる。徳川家康に味方する教如は、家康のものへと赴きその帰途の途中、石田三成に追われて美濃の各地を転々とし、春日谷に逃れてこの岩屋で身を潜めていたといわれている。

関ヶ原で東西両軍が激突し東軍の勝利に終わると、家康は味方についた教如をたすけ、東本願寺を建立させる。

教如が隠れた鉈《なた》ヶ岩屋は国見峠の岐阜県側の中腹にある。かなり大きな岩で、今も当時と同じと思われる姿で残っている。国見峠道の途中から岩屋への道があり岩屋を経て稜線の北尾根まで続くので、稜線から下って岩屋へと行くこともできる。

鉈ヶ岩屋（地図→ p.57）

Ⅵ 伊吹山麓の散歩道

おや、こんなところに

ゆるやかに広がった山裾の田んぼを抜け、ケモノ道から林の中に入った。ところどころでいばらが絡むが、昔はかなり使われていたのだろう。道を踏む感触から、昔の人たちの足跡が伝わってくるようだった。

ジグザグに切り返す道をターンしたところで、木の根元に横たわる地蔵様と出会った。今は誰も登らないような道にポツンと転がされ寂しそうだ。木々の間から集落を見ながら、だーれも登ってこないなあ、と思っていたのではないだろうか

少しの間地蔵様のお相手をして、積もった落ち葉を払ってあげてから歩き出した。

山裾の道を歩き始めたのは、集落の周囲にも多くの花が咲いているのに目がとまったからだ。西尾根を登った時、車を置いた県道の路肩にニリンソウやオドリコソウが群生していた。家並みを抜け山へと向かう途中も、さまざまな花を目にすることができた。田圃の畦、神社の石段の斜面、境内の杉林の中、あらゆるところに山で目にする花々で埋まっていた。山への合間の春の野の道歩きは、山しか目が向かない私にとって、新鮮さに溢れていた。

山裾の道は人々の生活と密着していることにも親しみを感じるものだった。伊吹から小泉、大久保へと抜ける小さな峠越えの道は、蟬合《せみあい》峡谷を避けた昔の道筋で、緩やかな斜面が広がる峠付近は、谷間いの集落の貴重な畑地として耕作されている。しかしここはイノシシやシカとの戦いの歴史が繰り返された。今も残された畑地を囲む石垣がそれを物語っている。

曲谷《まがたに》の**五色の滝**は集落からかなり谷を遡ったところにある美しい滝だが、ここも山深い地に生きる人々の生産の場だった。曲谷はここに産する花崗岩を活かした、**石臼**造りの集落として知られていて、今もその生産の跡が残っている。

下板並《しもいたなみ》から吉槻《よしつき》への古道が山麓を縫って続いているが、田圃の季節で電気柵に囲われていて道には入れなかった。他にも三島池《みしまいけ》や**山室《やまむろ》湿原**など、山へ登った帰りに時々立ち寄ることがある。また北国脇往還《ほっこくわきおうかん》や**吉槻**の石仏巡りも楽しい山麓散歩だった。生活や信仰など、人が生きるために行き交った道には、遠い昔の人々の生活が色濃く残っている。

山室湿原のカザグルマ

吉槻の石仏

五色の滝の前に転がる石臼

伊吹集落から大久保への昔道

●伊吹（50分）峰堂（1時間）大久保

江戸時代に描かれた伊吹山の絵図と、現代の伊吹山とを重ねてみると、なかなか面白いものがある。山麓には藤川から春照《すいじょう》へと北国脇往還が横切って、姉川に架かる橋を渡ると「北国道」という文字が入れられている。姉川の流れはこの伊吹野で開けるのだが、そのすぐ上流から小泉までは絵図を見ても激しい流れの様子が描かれている。ここを蟬合《せみあい》峡谷といい、現在では姉川上流へと至る立派なアスファルト道路の県道が通っているが、両岸が迫って峡谷をなしており、絵図には道も描かれていない。蟬合の蟬は瀬見と書けばいいのだろうか。流れが瀬をなす意味の当て字なのかと想像する。この現在の県道は明治十年代に拓かれたようだが、昭和十五年発行の『樹林の山旅』を読んでいると、伊吹集落から大久保へと歩く箇所があり、ここに新道が開鑿されるので工事が始まっていると書かれている。改修か付け替えが行なわれていたのだろうか。

上流へ向かう旧道は、春照の先で伊吹集落から山間の峠を越えて小泉や大久保へと抜けている。この道は今も残っており、峠から大久保側は車も通れる車道となっている。峠付近を峰堂《みねどう》、峠平《とうげのひら》といい、畑地が開かれて今も耕作され、大久保側の道は畑を作る人たちの軽トラが通う道となっている。

峠の切り通し

峠付近

米原文化財ニュース『佐加太』第25号には「『峠』のシシ垣—農民の文化財—」として、古くから農耕地として利用されてきたこの地の歴史のことが書かれている。ここにはイノシシやシカが農地に入らないようにするために築かれた、延長九〇〇mにもおよぶ石塁について、残された古文書から当時の農民の生活が紹介されている。

この道の大久保側からは、何度か峠付近まで歩いた。大久保の長尾寺から集落を抜け峠まで、春はミスミソウに始まってイチリンソウ、ニリンソウなど、さまざまな花が楽しめる、美しい散歩道だ。いつも峠付近まで歩いて引き返していたのだが、「峠」のシシ垣の文章を読み、峠の伊吹側も歩いてみたくなった。

伊吹の集落から蝉合の手前あたりに出る道があるが、この道が大富川《おおとみ》を渡ったすぐ先に、山手へ林道が延びている。奥に墓地がありここから先は車も入れない道となる。さらに進むと送電線の鉄塔に出る。最初右へと続く道を進んで行ったが、鉱山事業所への車道の大富川の橋付近に出てしまいもとに戻った。

シシ垣の上を歩く

鉄塔から真っ直ぐに進むとやがて用水路があり、これに沿って歩いて行くと、石を積んだ石垣に出合った。石垣の上へ出てみるとどうやら畑か田んぼだったようで、その石垣の横は道型のような掘れた窪みが延びていた。これが『佐加太』に書かれていた**シシ垣**らしい。道は藪がかぶさり歩きにくいので、シシ垣の上を石積みに沿って歩いて行くと、車道と出合い、広々とした**梅林**があった。ここまで昔の道が残っているが、ここから先は車道に変わる。石垣が積まれた切り通しのような峠を抜けると、眼下に今も耕作されている畑地が広がった。大久保から歩いて引き返したところだ。このあたりが**峰堂**と呼ばれるところなのだろう。すぐ上は荒涼とした採石場がのしかかるように迫ってくる。見下ろすと畑には人がいる。大久保ではほとんど平地がないので、軽トラでここまで来て畑をしているのだろう。

峠からの姉川渓谷の眺望を眺めて引き返した。用水路が石垣に出合ったところまで戻り、用水路に沿って下った。少し下ると棚田の跡となり、その下は今も耕されている田んぼが広がった。あぜ道を歩き、畑に出ると人がいたので、ことわって家の上の畑を抜けさせてもらって車道に出た。歩き始めた大富川の橋のすぐ近くだった。

峰堂の梅林

山室《やまむろ》湿原

●みつくり谷湿原入り口（20分）山室湿原周遊

伊吹野は平野と丘のような小さな山々が入り組んでいる。そんな一角に**山室**《やまむろ》**湿原**がある。初めてこの湿原に車で行こうとした時、すぐに行き着けなかった。田んぼの間を抜けた小さな山から流れ出す浅い谷にあり、この谷を**みつくり谷**という。背後は小さな山の雑木林に包まれ、下に広がる田んぼには新幹線が突き抜けている。約二万五千年前に形成されたという、草地に谷水が浸ったような小さな水の原が広がっている。こんな湿原がよくぞ無事に今まで残されたものである。周囲は田んぼが広がっているが、田んぼとしても拓かれず、すぐ脇を新幹線が通り抜けるというこの時代である。

小さな湿原だけに一周するのにもそんなに時間はかからない。東西九〇m、南北一七〇m、周り五〇〇m、面積一・五haという大きさで、標高一三〇m～一五〇mの間に五つの湿原区を作っており、湿原には貴重な植物や昆虫も生息するという。ここを訪れる人は山好き、花好きの人が多いと思うが、伊吹山などの行き帰りに立ち寄る人が多いようだ。私も伊吹山の帰りに何度か寄っている。

山室湿原

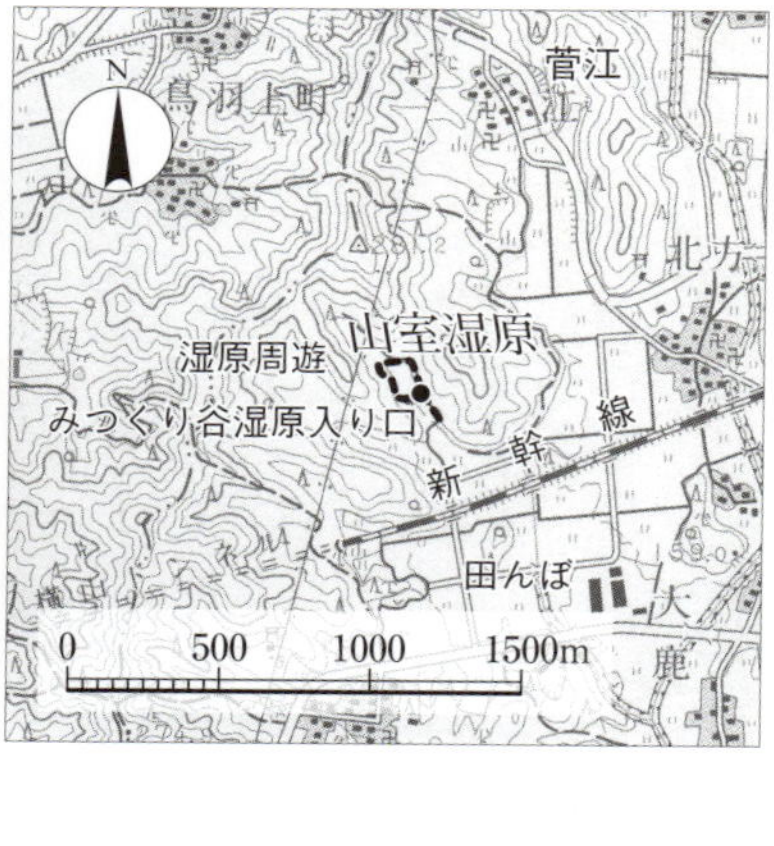

谷の入り口の田んぼとの境に車が一～二台置ける程度のスペースしかないので、駐車場所には気をつけたい。林道を少し歩くと左に湿原が広がり、中央に**木道**が設置されている。入ったところが一番大きな湿原で、奥へ進むと細い流れとなって、木々の間に幾つかの小さく開けた原がある。五月末に訪れた時にはピンクの濃い**トキソウ**が点々と花を散らしていた。最近では見られるところが少なくなった花である。そして絶滅危惧種ともなっているカザグルマの大きな花も咲いていた。八月末に来たときは、小さな羽根を広げたような白い**サギソウ**が美しかった。**サワギキョウ**はまだこれからだったが、この紫が一面に広がればさぞかし美しいことだろう。木道を奥へと進んで右へ抜けると林道に出て元へと戻ることができる。

湿原散歩はわずかな時間だが、山歩きとはまた違ったゆったり感があり、ここを歩いているといい時間を過ごすことができたという思いが湧いてくる。思いっきり山にぶつかって目いっぱい山の中で時間を過ごすのもいいが、時にはこんな時間も必要なのだと思う。

トキソウ

サギソウ

サワギキョウ

湿原木道

伊吹の石仏

●吉槻と伊吹山一帯

伊吹山系は伊吹山を中心にした石灰岩帯と国見峠以北の花崗岩帯に大きく分かれる。姉川沿いの集落でいえば吉槻《よしつき》付近より北側が花崗岩地で、曲谷《まがたに》ではこの花崗岩を利用して、昔から石臼や石仏、石塔などが作られてきた。曲谷の起《おこし》又谷《また》には石を切り出した所が今も残っており、石臼用に切り出された石が草むらの中に転がっている。

伊吹山文化資料館刊の『曲谷臼と吉槻の石仏』によると、曲谷の石臼作りの始まりとして、西仏坊《さいぶつぼう》という人が石工の技術を伝えたとされており、曲谷の円楽寺に西仏坊の石像が残されている。

西仏坊は信濃の武士の子に生まれた。奈良の興福寺で信救得業《しんきゅうとくぎょう》と名乗るお坊さんとなるが、平清盛への反乱に加わり信濃に逃げた。そして覚明《かくみょう》と名を変え、木曽義仲の家来となって京都に攻めのぼり、平氏を滅ぼしたのも束の間、義仲は源義経に敗れたため覚明は曲谷に逃げ込んだ。この時加工に適した石を見つけ、信濃から石工を連れてきて石の加工を伝えたという。覚明は年老いて法然上人の弟子となり西仏坊と名乗っている。最初は石塔や石仏を作り、戦国時

吉槻の県道沿いにある石仏

吉槻・民家の庭先にある石室の地蔵

代になってから石臼づくりが始まり、昭和のはじめまで続いた。

伊吹山麓には多くの石造物が見られるが、特に吉槻の集落のあちこちに石仏が数多く祀《まつ》られている。**吉槻の石仏**は摩耗も激しく表情はもうほとんど読み取ることはできないが、『曲谷臼と吉槻の石仏』とカメラを手にして集落内を歩いて行くと、石仏のさまざまな形に惹かれ、祀られた雰囲気や情景に何ともいえない親しみを感じた。また、伊吹山とその周辺の山々の山上や峠道にも石仏が数多く祀られている。そんな表情豊かな石仏の何体かをピックアップして紹介していこう。

まずは吉槻の集落から歩き始めてみよう。集落の南のはずれ、東側の小学校の横から歩き始めてすぐ、細道を左へと入ったところに、石塔とともに数体の石仏が祀られた、比較的大きなコンクリートブロックに囲まれたお堂に出合う。裏は竹林で雰囲気がいいし、大事にお祀りされている。石仏は家々の庭にあったり道端の地蔵堂に祀られたりしている。また民家の庭先に**石室の地蔵**と呼ばれた大きな石で囲われたお堂もあり、美しい花々に囲まれていた。

立派な蔵のあるお宅の横にあった、彫りがしっかりとした立体感溢れる石仏には目を奪われた。その前の道をそのまま進んだところに**庄屋の石仏**という、奇妙な自然石のままの石仏がある。十字に彫られた線から、隠れキリシタンの崇拝神という説もあるという。

線彫り地蔵の前を通り、姉川の橋を渡ると大カツラがあり県道を横切ったと

吉槻・線彫り石仏

吉槻・庄屋の石仏

ころの道路の斜面に**背高《せいたか》地蔵**がある。道路横だが背後はうっそうとした林に包まれている。そのすぐ横にも四体の石仏が祀られたコンクリートブロックのお堂がある。四角い石に二体並んで彫られた地蔵様が印象的だ。そして県道を南へと戻ると道沿いの田圃の横に**ユーモラスな首傾げ地蔵**を見た。南太平洋のイースター島のモアイ像を見ているような雰囲気のあるお地蔵様だった。集落を一周してから板並《いたなみ》へと古道の続く田圃の横をぶらぶらと歩いてみると、ここにも、草に埋もれるように置かれた地蔵様を見た。至るところに石の地蔵様があり、石仏の森を彷徨《さまよ》ったような気分がしたひとときだった。

次は集落から離れて、山で出合った石仏を訪ねてみよう。山道にポツンと佇む地蔵さまとの出合いには、心惹かれるものがあり、必ず写真を撮ってきた。今は誰も歩かなくなった道でも、想いは遠い昔に遡る。いつ、どんな人が、どんな気持ちでこの地蔵さまを運び上げて祀ったのだろうかとつい立ち止まり、腰を下ろして一息入れたくなってしまう。

伊吹山の山頂では二体の石仏に目がいった。伊吹山寺の祠の横に祀られた石仏と、あと一つは**北弥勒菩薩**。風雪に耐えたいいお姿だ。そして**国見峠にある石仏**は最もよく知られた石仏だろうか。取り付きの尾根門田尾《ぼんたお》に行くまでの板名古川の林道に石仏を祀った祠《ほこら》があり、ボンタオ坂を登って行くとトタン葺きの小さな祠に納まっているシブト地蔵に出合う。峠道はここからトラバースして山稜へと上がり、足俣川へと下る。現在はここから峠道は立ち仏までの間が

吉槻・背高地蔵

吉槻・ユーモラスな首傾げ地蔵

伊吹山頂の北弥勒菩薩

消滅しているが、国見林道から下りる道がある。この地蔵さまは彫りがしっかりとした立派な石仏で、何か考え事をしているかのような難しいお顔だ。さらに進むと自然石のままのような、ユーモアのただよう尻まくり地蔵があるようだが、私は確認できなかった。

この国見峠道が足俣《あしきまた》へと越える稜線を西進すると**板並岳**《いたなみだけ》がある。上板並《かみいたなみ》から尾根通しに古い道があり、この道をつづら折りに登ってゆくと、道横に小さな石仏がポツンと横たわっていた。今はもう誰も通る人もなく寂しげだった。

板並岳の向かいの七《なな》尾《お》山から七廻《ななまわ》り峠への稜線にも、思いもかけず地蔵様の祠があった。ここも今は歩く人もほとんどないが、昔はこの付近にお寺があったという。二体の像が並んで彫られた、可愛らしい仏様だった。

同じく伊吹周辺の山では**清滝**《きよたき》**山頂上の石仏**が印象に残っている。広く展望の良い頂上の杉の木の下に、東を向いて立つお地蔵様。いいお顔だ。

生命が宿る木とは違っていても、石の仏様にも時を経て、生命があるかのように様々な表情が生まれてきている。人々の祈りと願いが生命を吹き込んでいるのである。路傍に座り続け、まさに生命を宿して仏になったのであろう。じっと人々やそして伊吹の山を見つめ続けた石の仏様は、慈しみの表情に溢れている。

国見峠道の立ち仏

板並岳の石仏

清滝山頂上の石仏

伊吹山麓の湧水《ゆうすい》と巨樹●伊吹山山麓一帯

伊吹山の麓は湧水の里としても知られている。古来より人はこんこんと湧《わ》き出す美しい清水の不思議さに、心を捉えられてきた。思いを超えた驚きを自然の中に見出し、人は物語を生み出してきた。こつ然と湧き出す清水や雄大に水を落とす滝、巨樹や岩など、自然のチカラに神の存在を感じてきたのである。

伊吹の南麓に大清水《おおしょうず》という里があり、湧き出す泉がその地名の由来となっている。山裾には**泉神社**があり、清水が湧出している。以前は立ち寄る人も少なく静かな山麓の清水だったが、近頃の湧水ブームで水を汲む人が列を作っている。

同じ南麓の岐阜県関ヶ原町にある岩倉山の山すそに**関ヶ原鍾乳洞**があるが、この鍾乳洞の前に日本武尊《やまとたけるのみこと》伝説で有名な、**玉倉部《たまくらべ》の清水**がある。日本武尊が伊吹山の毒霧に遭い病に倒れたが、この清水で回復したと伝えられる清水である。老木の下の石灰岩から水が湧き出し流れを作り出しているが、水量は乏しかった。公園のように整地され、観光地化された鍾乳洞の脇にあるのでそんなに神秘感もない。昔は深閑とした林の中に湧き出す清水だったのだろう。

泉神社

玉倉部の清水

関ヶ原鍾乳洞

とどまることなく湧き出る清水には、弘法大師などの伝説が伝わるものも多く、その不思議さが信仰に結びついてくるのも自然な形であろう。異形の姿となった年を経た巨樹も同じである。木は生命を持った生き物であるが、じっと静かに立つ巨樹には強く心を動かされる。

柏原《かしわばら》の**清滝**の里に行ってみた。ここには伊吹の麓にふさわしい**イブキ**という巨樹がある。別名柏槇《びゃくしん》という針葉樹である。狭い家並みの間にあるので、ちょっと息苦しい感じがして気の毒だが、自然のチカラを感じる見事な古木だった。このすぐ近くには京極家の菩提寺の徳源院《とくげんいん》があり、境内に道誉《どうよ》桜と呼ばれる美しいしだれ桜がある。

再び湧水に戻り、伊吹山登山口の上野に向かう。登山口の三之宮神社から登り始めるところに、しめ縄が巻かれたケカチ湧水がある。石灰岩の岩間からどんどんと水が湧き出す素晴らしい湧き水である。山から下りてきたとき登山者には有難い清水だ。この三之宮神社の鳥居の横には大きなケヤキもある。

ここから姉川に沿って遡ってみよう。伊吹の集落が終わったところの蟬合《せみあい》峡谷入り口にあるのが**奥泉《おくいずみ》の湧水**。あおみどりの澄んだ水がゆったりと溜まる湧水が道路沿いに見られる。谷の流れのように見えるがすぐ上から湧き出してきているようだ。そしてこの蟬合を抜けたところに小泉の長命地蔵があり、その背後の崖から水が苔を伝って流れ落ちている。新道工事によって湧出したといわれている長命水だ。

清滝のイブキ

奥泉の湧水

板並には**諏訪《すわ》神社**のご神木となる**乳公孫樹《ちちいちょう》**がある。上板並の姉川対岸の山すそに乳の宮と呼ばれている小さな祠が祀られた諏訪神社がある。板並は戦国大名の武田信玄の乳母の里で、武田家が亡びた時に家来の一人がおまもりしていた観音様をお祀りしたのが、この諏訪神社だとされている。その祠の前に乳柱が垂れ下がる大公孫樹があり、この乳柱をけずって煎じて飲むと乳の出がよくなるというので、乳宮さまと呼ばれている。

吉槻《よしつき》のカツラの巨樹もよく知られている。吉槻の槻はケヤキの古名で、昔、東大寺の建立にあたって吉槻からケヤキをたくさん寄進したことから、この名を賜ったと伝えられている。石仏の写真を撮りに歩いた時、姉川の橋を渡るとカツラの巨樹の緑にすっぽりと包まれた。樹齢三百年といわれているが、旺盛な樹勢の緑の中で暑さを忘れるほどだった。

さて次の集落の曲谷まで遡ったが、山を背に緑に包まれた白山《はくさん》神社でこの散歩も終わりにしたい。敷地も小さくいかにも小さな集落の神社といった風情だが、集落を見渡すこの位置が良く、集落全体を見守っているように思えた。そしてなによりも素晴らしいのは、大きな木々に覆われていることである。

この神社の最大樹はケヤキである。根回りの重量感はこの一本で森を作り出しているように感じる。ほかにもケヤキの巨木があるが、神社らしく公孫樹もある。そして空高くモミの木が突き上げている。緑が深いというのは何とも心地よい、まさに神の居場所にふさわしい空間であった。

諏訪神社の乳公孫樹

吉槻のカツラ

長尾護国寺跡散策道《ながおごこくじ》

● 大久保(30分)長尾寺跡(20分)大久保

伊吹四箇寺のひとつ長尾護国寺。長尾寺自体は廃寺となってしまっているが、その僧坊のひとつであった惣持寺《そうじじ》が、現在長尾寺をお守りされている。惣持寺は大久保集落にあり、長尾寺跡はその背後の山中に堂跡が散らばっている。惣持寺の裏山には再興されているお堂もあり、そうしたお堂跡を巡る道が散策路として整備されている。私はいつも県道脇に作られたチェーン脱着場に車を置いて、大久保集落の家並みを抜け長尾寺や伊吹集落へと越える、峰堂の峠などへと歩き回った。長尾寺だけなら一時間もあれば十分だが、とにかく花が多く、ゴールデンウィークの頃なら春の散歩道としてこれほど楽しいコースはないだろう。さらに長尾寺の歴史にもふれると、伊吹山への理解も深まり、伊吹山の山歩きに対す見る目も、さらに広くなるかと思う。

私の散歩コースとしてゴールデンウィークの頃の紹介をしてみたい。

まず車を置いたチェーン脱着場から歩き始める。姉川の土手にはニリンソウやオドリコソウの群落が見られる。大久保集落を貫く旧道を上流に向かい、家並の間の細道を山手に向かうと、山の斜面にある若宮八幡神社下の石垣に出合

イカリソウ

長尾寺毘沙門堂

う。右に参道の石段が上がっており、石垣にはスミレ類やオドリコソウがいっぱい花を付けている。神社へと上がる前にそのまま真っ直ぐに進むと、そこは畑地と板名古《いたなご》川段丘の田が広がり、あぜ道の緑が目にしみる。あぜにもさまざまな花が咲き、まさに百花繚乱。特に大振りのイチリンソウの白い花が目立っている。

　戻って若宮八幡神社への石段を上がるとうっそうとした杉林の中に入る。杉林の林床もニリンソウの群落が広がっている。本殿にお参りし、さらに道を登ると細道となり、昔の田んぼ跡や茶畑があり、あぜ道には花がいっぱい。ケマンソウが多く見られる。このあぜ道を右へと進むとアスファルト道に出合う。この先が長尾寺の惣持寺で、石段を登ると小さな本堂がある。お寺の右側が谷で、流れの中にはわさびの花も見られる。谷に沿って登って行くのが長尾寺跡へと登る散策道となっている。左に再興された**毘沙門《びしゃもん》堂**があり、細道となって山手へとかかると広場となって、**歴代住職の墓地**がある。この広場の草地にはホウチャクソウが背を伸ばしていた。そしてこの上に七福神を刻んだ石像が並び、さらに上へと登る山道に導かれる。付近はピンクの**イカリソウ**がいっぱいで、中には白花も見られる。ここから上はイカリソウの道となる。山道といっても少し登ったところがもう本堂跡で、今は権現《ごんげん》堂が祀られ、新しいお堂が建てられている。ここには木のベンチが置かれ、周りの草地はイカリソウだらけだ。もうここでおしまいだが、車を降りて数十分ほど軽く歩いただけで、ここ

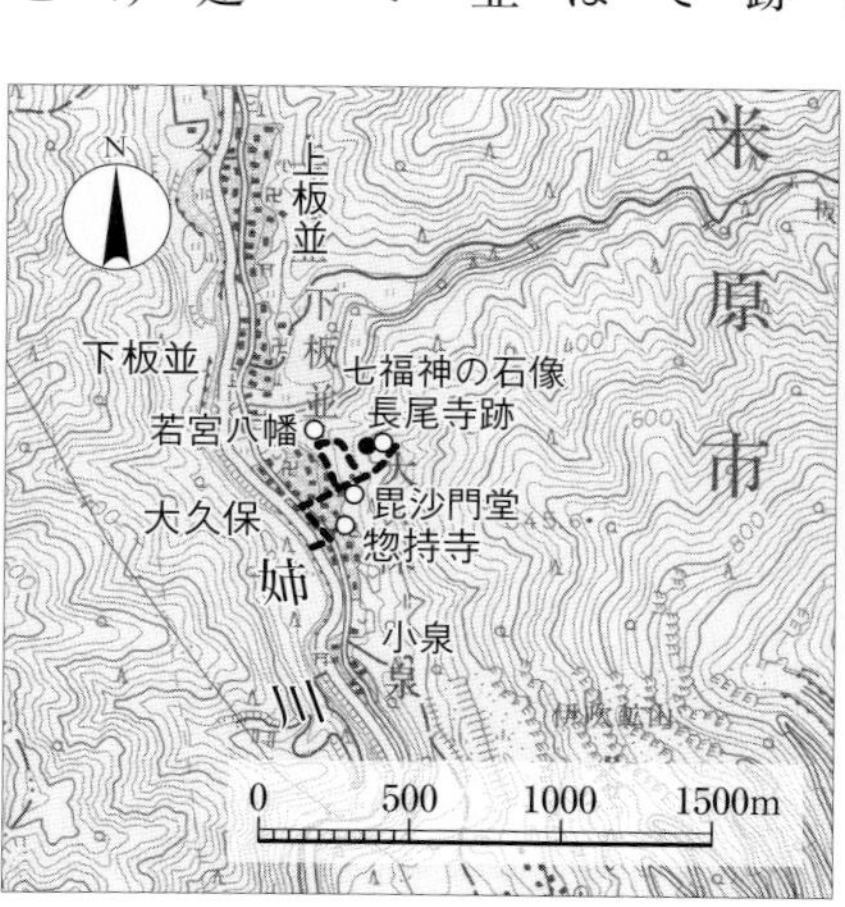

歴代住職の墓地にある石仏

までで何種類の花と出会えたことだろうか。

惣持寺に戻り家並みの間の大門坂《だいもんざか》を下る途中にも、**オドリコソウ**、イチリンソウが咲き、家々の庭にはさまざまな花が植えられている。ここから家々の間を抜け伊吹集落へと続いていた峰堂、峠平への自然林を楽しんでもよし、もうここで切り上げても、花の散歩道として十分満足するひとときが過ごせることだろう。

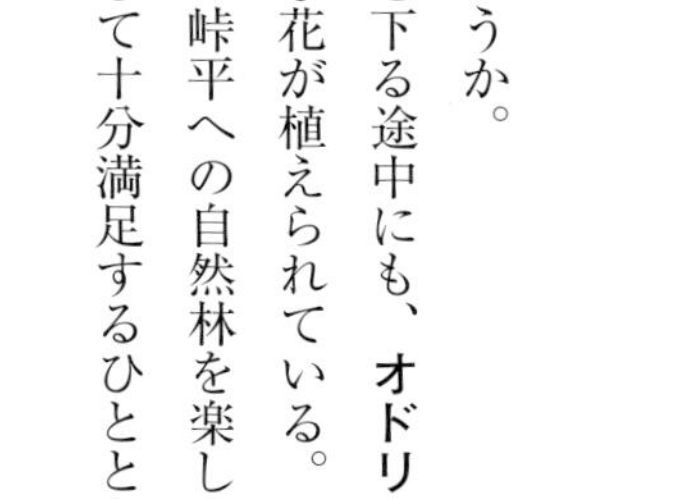
大久保集落に咲くオドリコソウ

《蟬合峡谷と長尾寺の僧深宥》

伊吹と小泉の間は七尾山と伊吹の山が迫り、深い峡谷をなしている。ここは蟬合《せみあい》と呼ばれ、その昔、蟬岩という大きな岩が横たわり、姉川の流れを堰きとめ湖水を造り出していたという。その湖水は曲谷まで達し、蟬岩からあふれ出た水は多留見の滝と呼ばれていた。そのため蟬合峡谷は難所となって命を落とす人もあったという。こんな状態に心を痛めたのが長尾寺の僧深宥《しんゆう》で、何とかして蟬岩を崩して水を流し出したいと思い、九〇日の願をかけ、斎戒沐浴して昼夜を問わず読経を続けた。そしてとうとう満願の日の夜、大岩は崩れ落ち水が流れ出したという。そして人々は安心して行き来することができるようになったそうだ。

しかしこの間は通れるといっても険しい道に変わりはなく、明治十六年（一八八三）になってやっと新道が開通したという。

深宥は実在の僧で、荒廃の一途を辿っていた長尾寺を再興するために醍醐寺から派遣されたといい、長尾寺はやがて堂舎を整えるまでになったという。

起又谷《おこしまた》の五色の滝

● 寺越トンネル（30分）起又谷（40分）五色の滝（30分）起又谷林道

山登りの情報源としてホームページを活用されている方は随分多いことだろう。伊吹山は花が多いせいか、特に伊吹山塊を中心にしたホームページは多く見ることができる。その中でも、伊吹山の花を楽しみにしている方の誰もが注目しているのが、地域と密着した医療活動の日々を紹介する、「ケアセンターいぶき」のホームページではないだろうか。さまざまな地域活動の中に、伊吹のお花情報や歴史などのレポートコーナーもあり、私も随分楽しませていただいている。伊吹のお花情報はまさに伊吹山の花図鑑ともいうべき充実ぶりで、伊吹山だけでなく、周辺の山から山麓に至るまで、豊富な地域の広がりが楽しみなところだ。

そんな花情報によく出てくる地域として、**起又谷《おこしまた》の五色の滝**がある。私のような昔からの山屋にとっては、起又谷は花崗岩の美しい滝の続く谷として知られていて、私も三十年も前に地下足袋、わらじで歩いたことがあった。ここには曲谷《まがたに》の石切場があり、大きな五色の滝がかかっていることは、地元の人々のだれもが知っているところだが、一般的にはそんなに知られてはいなかった。

起又谷

起又谷堰堤の上

五色の滝

しかし最近ホームページを見ていると、五色の滝のことがよく出てくる。ケアセンターいぶきのホームページの発信以来、起又谷はメジャーな散歩コースとなったようだ。

寺越トンネルの手前に水処理施設があり、その横の車道を登っていく。棚田が終わると大きな**堰堤**が見えてくるが、ここで右に林道のり面の急斜面を登る道がある。これが起又谷へと入る道になっているのだが、あまり整備もされていないので、春を過ぎると草がかぶって分かりにくい。道に沿って白い手すりが設けられているので、これが目印になっており、林の中に入るとしっかりと踏まれた道が続いている。

左下に堰堤を見下ろしながら高く巻いてゆく道で、右からの二本の支流を横切ると、谷のバックウォーターも終わり流れへと下る。ここに丸木橋があり道は流れを渡っている。そしてすぐに谷は二股となるのだが、ここでもう一度流れを渡る。道は左の本流に沿って左岸に続いている。道横には石垣が組まれた平地がところどころにあるが、昔はここで**石臼**が造られていたという。丸く切り出された花崗岩には、表面に切り込みが入って石を回す取っ手を差し込む穴

五色の滝上流の渓流を登る

起又谷に咲くヤマアジサイ

があいている。草が生え込む中には、そんな石が転がっていたり積まれたりしている。一方、谷は花崗岩の見事な滝をいくつも連ねており、花ばかりではなく、渓流美にも見応えがある。夏場は水の中をじゃぶじゃぶと歩いたり、シャワーを浴びながらのクライミングも楽しいものだ。横にしっかりとした巻き道があるので、**沢登り**の初心者にもうってつけのコースとなることだろう。

　豪快に落ちる滝を見ながら進み、もう一度流れを渡って一のぼりすると、五色の滝が見えてくる。いくつもの滝の中でもひときわ豪快で、落差も大きく美しい滝である。散策道はここで左の尾根へと取り付いて、この尾根を下って林道に出る。

石臼が転がっている

　谷の道はこの五色の滝で終わっているが、この滝の上も渓流シューズで少し歩いている。流れはこの上で二股に分かれ、両俣とも岩盤が露出したナメ滝が続いている。気持ちのいい流れだが、登るにしたがって藪がかぶってくる。涼を楽しむだけなら適当なところで引き返すのがいいだろう。

　散策道から出合う林道は、左に下れば登り始めたところへと戻る。右に下ればユリ園の標識があるが、今はもう何もされていない。ユリ園のあるところはトンネル工事土捨て場で、広い平坦な谷間が広がっている。この寺谷から県道に出て寺越トンネルを抜けると、起又谷の入り口に戻ることができるので、春や秋の季節のいいころなら、車道歩きが少し長くとなるが、寺谷側に下って周回するのもいいだろう。

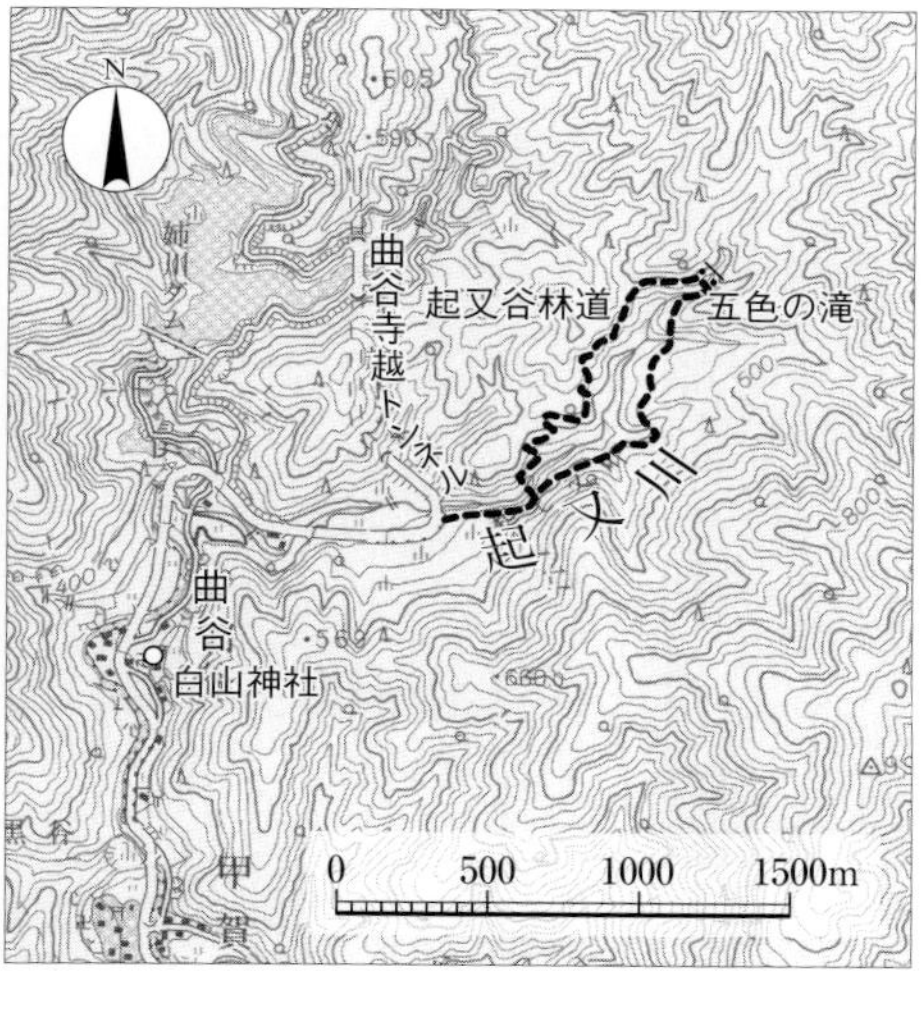

北国脇往還ぶらり歩き●北国脇往還の関ヶ原から春照

伊吹山とその周辺の山々を巡るうち、伊吹山を理解するにはさまざまなものに目を向けなければならないことに気付かされた。伊吹山を核とした歴史や文化の積み重なり、それを伊吹山文化圏とでも言ってもいいのだろうか。

伊吹山麓を貫く街道もそんなひとつであろう。伊吹山麓をぐるりと半周しているのが、北国脇往還《ほっこくわきおうかん》と呼ばれる街道である。伊吹山の南に東西に走る中山道《なかせんどう》、西には南北に走る北国道があり、北国脇往還は両街道を結ぶルートとして大きな役割を果たしてきた。この三角形を形作る中山道と北国道が交わるところが彦根の鳥《とり》居《い》本《もと》宿、そして北国道を北へと進んで脇往還と交わるのが木之本、中山道を東へと進んで脇往還と交わるのが関ヶ原となる。これを現在の国道に置き換えると、中山道が国道二一号、北国道が国道八号で、脇往還と並行するのは国道三六五号である。そんな現代の北国脇往還を伊吹山を眺めながら、ぶらぶら歩いてみようと思い立った。

関ヶ原からスタートして伊吹山直下の**春照**《すいじょう》あたりまで歩く計画を立てた。北国脇往還全行程（約四〇km）の三分の一位になるだろうか、軽い一日コースである。

春照から伊吹山を望む

関ヶ原の決戦地跡

関ヶ原の駅に降り立ち、まず国道二一号に出て十六銀行の角で右折した。国道三六五号手前のこの細い道が旧街道のようだ。付近には関ヶ原の合戦の旧跡が散らばっているので、その旧跡に立ち寄りながら旧街道を歩くことにした。

　JRを高架で越えると東首塚がある。合戦の後、家康が首実検をした将士の首が葬られたところだ。公園のように整備されており、巨樹の根方に祠が祀られている。このすぐ先が関ヶ原町歴史民俗資料館で、横に東軍が最後の陣を張ったという**陣場野**があり、首塚に葬られた首はここで首実検されたという。家康を中心に諸将が床机に腰掛けて居並ぶ姿が目に浮かぶ。

　さらに道路を進むと笹尾山麓の田園地帯が広がる。緩やかに傾いた田圃の中に最後の合戦地があり、その背後の笹尾山《ささおやま》には**石田三成《いしだみつなり》の陣地**がある。笹尾山の三成の陣跡に登ると抜けるような青空の下に合戦が行なわれた関ヶ原の眺望

陣場野・首実検の場跡

笹尾山・石田三成の陣地跡

藤川宿・本陣跡の林家

が開けた。数々の小山に囲まれたのどかな田園地には、ヒバリが啼き五月の風が吹き渡っている。修羅場と化した戦場のもつれあう人の群れと怒号。こんな遠い昔の凄絶な出来事などは、のんびりと田園風景を眺めているこの身には思い浮かぶべくもないが、散在するこれらの旧跡が、現実だったことを語っている。

国道三六五号に戻り小関の集落の道に入った。ここもしんとした静かな家並みが続いている。再び三六五号に出て少し歩いたところが、伊吹山ドライブウエイの入り口となる交差点となり、すぐに玉の家々に出合う。玉は上りの荷を扱う宿場町だったという。ここからまた家々の間を通るようになり、おばあちゃんにどこから歩いてきたのかと聞かれた。家並みを歩くよそ者などほとんど見かけないのだろう。

玉を抜けると藤古川《ふじこ》の段丘の道となった。歩く人などほとんどいない、道なのか河原なのか分からないコースだ。上の国道はここで三六五号と伊吹の山麓を巻いている広域農道とに分岐する。脇往還だったとされる道は流れを飛び渡ったり、シカ除けの電気柵に通せんぼされたりと、障害物が多い。三六五号に戻りシゲドウ坂から藤川宿に入った。坂を上がったところに**本陣**だった林家がある。何とも豪壮な旧家で、背後のけやき林の若葉が美しい。藤川は下り荷を扱う宿場で、昔の風情を残した町並みが続いていた。

藤川の町はずれに大杉があり藤古川を渡る。道脇には野草が多く、新しい花

を見るたびに写真を撮ってゆく。オドリコソウ、ヒメオドリコソウ、キンポウゲ、シャク、タンポポ、マムシグサ、カキドオシなど、春の野道は退屈しない。

闇坂を上り**寺林**の集落を通り抜けて集落の端までくると、石仏をまとめて祀った塚があり、ここで**古びた道標**を見た。脇往還では初めて見た道標だろうか。水田が広がる堤防の道を横断したところで、また林の中の道に入った。下草が生え、倒れ込んだ木々が再三邪魔をするラフロードだ。最近ではあまり人の通った様子もない。小さな谷を回り込み切り通しを抜けると、広域農道のアスファルト道に出る。車を気にしながら**弥高**《やたか》まで歩いて食堂に入った。もう弥高からは歩き慣れた道ばかりで先は見えた。昼もすぎかなり気温も上がってきたのでここで大休止だ。

弥高川を渡ってからすぐ**野頭**《のがしら》という、昔茶店があったと伝えられるところで、祠が祀られ、芭蕉の句碑が建てられている。左へ曲がり薬草の里文化センターに立ち寄ってから、春照の町中に入った。

春照（すいじょう）、何といい響きの地名だろうか。春照は昔の風情を残す町家が並び、雰囲気がある町並みが続いていた。**八幡神社**の「右　北国きのもとえちぜん道」、「左　ながはま道」の道標を見て街道歩きの気分が高まったところで、今日のウォーキングを終わることにした。

バスで駅まで戻ろうと、伊吹庁舎付近のバス停まで来たところでバスが走り去ってゆくのが見えた。仕方がない。近江長岡の駅までもう一頑張りとなった。

八幡神社の道標

野頭の小祠

寺林の古びた道標

Ⅶ 伊吹山に想う

円空さん

春照の観音堂で、円空が彫った観音さまに会った。何とも親しみ深い観音さまだった。

ガラスケースに納められていて今は直接触れることはできないが、ぷっくりと膨らんだお腹は、多くの人に撫でられ、つるつると光っていた。お顔の近くに寄ると、その大胆なノミの跡からほほえみが浮かび上がり、一心不乱にノミをふるう円空さんとそれを見守る太平寺の人々の姿が重なった。

円空さんの仏像を見てから、いっそう伊吹山が近くなった。

円空と天空の村、太平寺

日本各地を旅して修行を重ね、人々の苦しみを救うために仏像を刻み続けた遊行の僧、**円空**。

円空は寛永九年（一六三二）美濃に生まれた。早くして仏門に入ったが、長良川の洪水で母を失い、これを機に寺を出て伊吹山での山岳修行や、各地に行脚を重ね、その足跡は近畿から北海道にまで及んでいる。その生活の中で円空は、民衆救済のため生涯十二万体の造仏誓願をし、行く先々で多くの仏像を彫り続けた。こうして残された「**円空仏**」は現在分かっているだけでおよそ五二〇〇体余を数えるという。

荒削りで大胆なタッチの中に、不思議な「微笑」をたたえた仏様。生命ある木から作り出したカタチと、素朴な木仏を見つめる人々のこころとが溶け合った、何ともいえない温かさと安らぎを感じるのである。数百年という時を超えた「円空仏」には、民衆救済のため生涯十二万体の仏像彫刻を誓った円空の信仰を貫いた生き方と、安心を願う人々の祈りがこの素朴な仏様に込められている。

若き日、天台密教の三井寺系修験道の高田寺（愛知県）で修行し、二十代前半で寺を出てから、以後約十年ほどの消息が分からないが、その間、修験者として各地の山岳行場で厳しい修行に明け暮れたと思われる。北海道の洞爺湖の観音堂に安置されている観音像には、江州伊吹山平等《びょうど》岩僧内という背銘がある。伊吹山の太平寺に暮らし、平等岩（行道岩）で修行を重ねたのも、その頃のことだったのだろうか。高田寺を出て山岳行場での修行を重ねた円空の、次なる思いが全国行脚での十二万体の仏像彫刻誓願の発心であった。生涯を旅に暮らし信仰を貫いたそのエネルギーの源こそが、次々と彫り出される木彫仏であったのであろう。

こんなすごい遊行の僧、円空という人がいたということは知ってはいたが、その存在を身近に感じたのは、私が山行の帰りに時折立ち寄らせていただく伊吹山文化資料館の玄関にかけてある、等身大の円空仏の水墨画からだろうか。この資料館のすぐ近くに昭和三十六年に廃村となった太平寺《たいへいじ》集落の移住先があり、そのお堂に太平寺にあった円空作の観音様がお祀りされている。

太平寺集落は伊吹山四護国寺のひとつ太平寺とともにあった村であった。太平寺は宝亀九年（七七八）の開基と伝えられ、仁寿年間（八五一〜四）に三修《さんじゅ》によって中興された。また近江の守護、佐々木信綱の四男が京極氏を名乗り、この地に城郭を構えたといわれている。太平寺は山岳修行の道場として栄えたが、円空が修行をしていた江戸期には寺坊の数も少なくかなり衰えていたという。ここは伊吹の西に面した大斜面が開けた一角で、琵琶湖の見晴らしが素晴らしく、天空の村と呼ばれたが、昭和三十八年に石灰岩の採掘がなされるのを機に山を下りることになった村である。

こんな太平寺の観音様を是非一度見たいと思っていた時、資料館でこのお堂をお守りされているお年寄りと出会い、拝観させていただいた。

小さな仏様という印象の円空仏だが、観音様は等身大の堂々たるお姿。残念ながらガラスのケースに納められていたのだが、すぐ間近で拝ませていただいた。お顔は半分ベソをかいたようなまた微笑んでいるいるような、何ともいえない表情であった。お姿は材の形を活かしたままなのか、ぷっくりとお腹がふくらんでいる。子供のほしい人が撫でると授かるという伝承があり、腹部はつるつるとしていた。それだけ人々に親しく身近な存在だったのだろう。この観音像の背面には墨書きが遺され、そこには桜材で造像されたことで、桜を題材にした和歌が詠まれ、造像の記録が書かれている。

太平寺跡から伊吹山を望む

滋賀鉱山への道

太平寺跡（滋賀鉱山）

この時に昔の太平寺のことも少し聞くことができた。いまの採石場の上の方にごぼう畑があって、集落から斜面を登って通ったというお話は印象に残った。今トラックが行き来する採石場の斜面を登っていったのだろう。以前に大久保から西尾根を登って採石場をかすめて頂上に登っていたので、あの採石場は当時どんな風景だったのだろうかと思い浮かべてみたが、今の広漠とした採石場からは、まったくイメージが湧いてこなかった。しかし太平寺からの夕陽が美しいということを聞いているので、あの広大な斜面からの琵琶湖の眺めは、さぞかし素晴らしいものだったことだろう。

この後、**太平寺の集落跡**は、今どうなっているのだろう、一度その天空の村を訪ねて見たいという思いがあった。滋賀鉱産に許可をいただければ入れるということを聞いたので、入山許可をもらって訪ねてみた。

鉱山事務所の所長に車で旧太平寺の入り口まで送っていただき、集落跡とおぼしきところへ入ったが、神社かお寺の跡だったのだろうか、墓石が集められた広場があるのみで、近づき難いほどの草木に埋もれていた。もう少し歩けるかと思っていたが、とても自由に歩けるようなところではなかった。訪れた日は初めての積雪があった晩秋の一日で、私のような見ず知らずの人間が立ち入るのがはばかれるような、寂しげな集落跡だったが、ここに煙が上がり、声をかけ合う人々の暮らしがあったのだ。

遠い日々、円空も若き日にこの上の平等岩で修行に明け暮れ、太平寺に暮らしていた。そして年老いてこの地を再び訪れた円空が刻んだ一体の観音様が、今、春照《すいじょう》に移った**観音堂に伝わる円空仏**である。その背面の墨書きには、「元禄二年（一六八九）三月四日、木を切り、五日に加持をして六日彫り上げ、七日に開眼供養をする」とあり、超スピードで造像されたことが分かる。円空五十八歳の時のことであった。再び太平寺を訪れて観音像を刻んだのはいかなる心境だったのか。人生の終焉の近いことを予感して、最も思い出深いこの地をもう一度訪ねてみたかったのだろうか。

この後、円空の足跡を少しでも辿ってみたくて、岐阜県美並《みなみ》村の円空館や飛驒高山の**千光寺**、三井寺金堂などの円空仏を見て歩いた。たった少しだが円空の跡を追った私にも、彼が若き日に修行を重ねた太平寺跡に立っていることに、何ともいえない感慨深いものが湧いてきた。

春照，太平寺観音堂の観音像

千光寺の立木仁王像

笹又のお地蔵様と播隆

播隆《ばんりゅう》上人といえば多くの人が北アルプスの槍ヶ岳を思い浮かべることだろう。槍ヶ岳を開山した僧として登山史上でも比較的知られているのは、新田次郎の小説『槍ヶ岳開山』のおかげだろうか。播隆が槍ヶ岳に登ったのは、日本アルプスを世に知らしめ、日本近代登山の父として知られているウェストンの登頂より六十五年も前のことである。私は小説は読んでいないし、播隆のことはそんなにもよく知らなかったが、槍ヶ岳を開山した人という程度のことは記憶していた。

北アルプスの槍ヶ岳を開いた播隆が、伊吹山の笹又《ささまた》近くの山中で修行をしていたということを知ったのは、笹又の山で播隆修行跡（一三五ページ写真参照）に出合い、そして笹又の中央に祀《まつ》られている石仏の播隆の碑を読んだことからだった。それによれば、この石仏はもともとここに祀られていたものではなく、播隆が修行に励んでいた地に安置されていたもので、後世にこの地に移されたと記されている。石仏は正しくは阿弥陀如来像である。

笹又の石仏は何度か立ち寄ってお参りもし、何枚もの写真も撮っていたが、ここにある播隆の碑は真剣に読んだことがなかったので、播隆のことも知らなかった。実はこの石仏のことは数年前、昔笹又に住んでいた方から、上平寺越《じょうへいじごえ》の峠道のどこかに祀られていたのを下ろしてきたものだと聞かされていたのだが、播隆修行跡に出合ってから播隆の碑（一七二ページ）を改めて読んでみて、笹又の石仏と播隆とのつながりも理解できたのだった。

笹又で炭焼きが盛んに行なわれていた頃は、焼いた炭を担いで山を越え、関ヶ原の玉《たま》にあった問屋へ運んでいたということを聞いていたので、そんな山越えの道とそこに祀られていたというお地蔵様には大いに関心を持っていた。笹又周辺の山を歩くようになったというのも、ひとつには炭焼きの人が歩いていた道探しの興味からだった。それでまず昔からあった上平寺越の峠道を確認しようと、滋賀県側から探索した時、ドライブウェイが西面から東面に移る稜線のコルからわずか岐阜県側へと入ったところで、祠《ほこら》のあった跡地と思われるもの見ている。おそらくここが今、笹又にある石仏がお祀りされていたところであったのだろう。その後、播隆修行跡に出合った時も、へぇーあの槍ヶ岳を開山した播隆がここで修行をしていたのかと、まったく思いもしなかった出来事を知って驚いたが、笹又のこの石仏とは結びつかなかった。

播隆が伊吹山で修行をしたのは、笠ヶ岳に何度か登り登山道を再興した後のことで、四十歳頃であった。笠ヶ岳と伊吹山、これは若き日を伊吹山で修行し笠ヶ岳を開山した円空の行動と重なっている。円空を常に自分の意識の中に思い描き、尊敬していた証であろう。播隆は円空の彫った観音像を肌身離さず持ち歩いたという。槍ヶ岳開山のために心血を注いだ播隆の生き方は、十二万体の造像を誓願してその人生を歩んだ円空と、約百年の時を隔てて同じ道を辿っているのである。円空と播隆、山の修行者という共通点はあるものの、全く別の時代に生きた人だったので、このつながりは意外だった。

それで播隆のことを調べてみようと思ったところ、槍ヶ岳山荘のオーナーであった穂刈三寿雄氏とその後を継がれた穂刈貞雄氏の『槍ヶ岳開山　播隆』という著書があるのを思い出し、図書館で借りて読んでみた。それには播隆の足跡が克明に調査され、笹又の播隆修行跡にも赴かれていた。播隆が修行した地は池谷の長尾というところで、地元では**行者杉**と呼ばれているという。ここは伊吹山から延びる南東尾根のほぼ稜線上

播隆修行跡・行者杉

笹又の阿弥陀如来祠にある播隆の碑

にあり、杉に囲まれたヌタ場のような池がある窪地で、大きな**石碑**が建立されていた。施主は播隆ゆかりの一心寺の住職で、平成二年に建てられたものであった。穂刈氏はこの一心寺の住職の案内でこの地を訪れている。一心寺は播隆が美濃国揖斐《いび》の城台山の庵で念仏を勤めていた時、徳川家直参旗本の家老であった芝山長兵衛がその高徳を慕ってお堂を建て、播隆を開祖にしたことに始まり、城台山播隆院一心寺として現在に至っているという。穂刈氏は他にも播隆修行の地とされている、関ヶ原の南宮山《なんぐうさん》や玉の不動滝などへも訪れている。そして笹又の石仏のことについても触れている。それによれば播隆がこの地を立ち去った後、参拝する人も少なくなり、そのため道も悪くなったので、これを嘆いた笹又の篤信家が、参拝しやすい便利な場所として、上平寺越の江州《ごうしゅう》峠に阿弥陀如来像を移して安置したと書かれている。その後風水害で荒れてさらに三百メートル下方の通称「はげ」という所に移転し、さらに十七、八年後に現在の地に安置したという。

これによると、私が見た祠の跡地は、最初に移転された上平寺越の江州峠だと思われる。

春日《かすが》の山里から

春日谷を初めて訪れたのはもう三十年も前のことである。訪れたといっても、ほんのわずか、かすめて通っただけといった方がいいのかも知れない。国見峠道を越え尾西《おさい》谷の林道を下った。当時はもうほとんど峠まで林道が延びていたのではなかっただろうか。滋賀県側はまだ足俣《あしきまた》川に林道はなかったように思う。棚田が出てきたところで最初の集落千疋《せんびき》があり、ここで左の林道へと入り品又《しなまた》東谷を遡って、日越《ひこし》へ越える手前でテントを張ったように記憶している。集落をかすめて通っただけなのに、なぜかこの山里の雰囲気が強く印象に残った。

このあと諸家《もろか》へ出て、新穂《しんぼ》峠を越えて甲津原《こうづはら》へと下っている。この山旅のきっかけは当時読んでいた森本次男や望月達夫、藤島敏男などの本の影響を強く受けたからで、引きがねとなったのは、芝村文治氏編の『秘境・奥美濃の山旅』（ナカニシヤ出版）であった。

近頃、伊吹とその周辺の山を歩くようになって春日谷を車で何度も通るようになった。春日谷は下から遡ってくれば、樫《かし》、下ケ流《しもがれ》、高橋西、香六《こうろく》、小宮神《こみかみ》などの集落があり、川合で粕川《かすがわ》と長谷川《ながたに》に分かれる。この両川の合流点にある小宮神、川合は深く切れ込んだ狭い谷あいに家がひしめいており、昔のままの姿が残る家並みは、とてもレトロな雰囲気を漂わせている。南の長谷川は山が迫ってどこまでも深い谷あいが続くが、粕川本谷は途中から高みへと登り、美束《みつか》で谷が幾つにも分かれて高原状に広がっている。

美束の桜

春日村香六

美東のバス停と見事な桜

森の文化博物館

粕川本谷を遡ると寺本、種本、中瀬、市瀬《いちせ》と集落が続き、道は狭くとも広がる棚田を見ながら登ってゆく道はとても気持ちがいい。ある春の日、市瀬にある**美東のバス停**で道路を覆うように咲く**見事な桜**に出合った。停まってカメラを出していると、どの人も車を停め、ケイタイを覗いてシャッターを押してはまた車を走らせていった。どんな名木にも勝る眺めだった。春は家の軒で山菜を並べているところがあり、何度か立ち寄ってウドなどを買って帰った。途中で摘んだフキや買った山菜は、ささやかだが季節の香りを楽しむ最高の贅沢だった。

粕川の谷は明るい。特に美東の春の風景は一級品だ。ありきたりの素朴な山里なのかも知れないが、私には強く心に響く魅力を感じるのである。

そんな美東の山里の最奥に長者平という地がある。かなり奥深いところだが、昔から人が住み、粕川長者の伝説が伝わっている。ここに春日谷の人々の暮らしを未来へと伝える「森の文化博物館」がある。

長者平は立派な道路こそ通じているが、かなり山深い地。こんなところに博物館が？ と思われる場所であるが、この長者平では縄文遺跡が発掘されており、春日谷の人々にとっての源流をなす地と言えるのである。だからこそ春日村（現在は揖斐川《いびがわ》町春日谷美束）の博物館には最もふさわしい地として、ここに建てられたのだろう。


「森の文化博物館」。山や森が好きな人には、わくわくするような名前である。初めて訪れた時、森というイメージとはまったく相反する、コンクリート打ちっ放しの建物が目に入り意表をつかれた。私が訪れたのは、伊吹山を集中的に歩き始めた時で、何か資料となる本があるのでは、思ったからである。入ってみると春日谷に関する資料があり、閲覧することができた。そして想像していた通り極めて静かな館内であった。外の緑が目に入ると、まるで森にいるかのような雰囲気で、すっかり気に入ってしまった。やはり森の文化博物館はこんな自然に中にあってこそだと思えるのだが、これだけ辺鄙な場所となると、博物館の存在を知り、訪れる人がどれだけいるのかが気になってしまう。

博物館の展示内容は、祈りをテーマとした「森の物語」、薬草がテーマの「森とからだ」、そして鉄の精錬とそこに必要な炭焼きがテーマとなった「森と風の民」という、伊吹山の麓という地にふさわしい、山の生活に関わるものであった。私には「森の」という言葉からは原生の自然がイメージされたのだが、ここでは日本人の魂が存在する精神的な心の原郷として、森がとらえられている。

私が最初に知りたかったのは、伊吹山周辺の地名だった。地名は山を歩くうえにおいても最も基本的な情報であるが、登山で使う五万分の一や二万五千分の一の地形図に記されている地名は極めて少ない。

最初に、地名の資料がないでしょうかと、一人だけおられた館員の方（後で分かったがこの方が館長の藤原千蔵氏）に尋ねてみた。そして見せていただいたのが、揖斐郡教育会刊の『ふるさとの地名』という大冊だった。山で生活してきた人の私称地名が地図に落とし込まれたもので、伊吹山周辺の伝承地名も多く記されており、こんなに細かく採集された地名の本の存在には驚かされた。早速必要なページをコピーしていただいた。

それから山の帰りに何度かこの博物館に立ち寄った。館長とも親しく話をさせてもらうようになるにつれ、「親は炭焼きをしていた」とか「私は木地師の子孫」などという興味深い言葉を耳にするにつれ、話をお聞きしたいと思うようになり、博物館が休館となる冬を待って、半日の時間をいただいた。

正月明けの寒い一日、藤原千蔵館長を訪ねた。以前、家は小宮神とお聞きしていたので、粕川をとりあえず遡ってモリモリ村まで行って電話すると、今の家はもっと手前だと聞かされて、また戻ることになった。

現在のお住まいは粕川が深い山から解き放たれた平野部で、車だったら十五分ほどで行き来できる距離である。しかし時間の感覚は変化しても、深い谷あいにある川合や小宮神と平野部のことでは、やはり生活環境はまったく違うのである。山と里の距離感も、こうした生活環境の変化によって変わってしまった。昔から営々と変わらぬ暮らしを続けてきた春日谷の人々にとっては、山はまさに魂の原郷であろう。しかし近頃の時間のサイクルは、たかだか数十年前の暮らしも、気付かぬうちに記憶の彼方へと押しやろうとしており、少し以前の山の暮らしを知る人も随分と少なくなった。私が伊吹周辺の山々を歩くようになったのも、身近に隔たる過去へと遡って見たかったのだが、なかな

藤原千蔵館長

か近づくことができなかった。だからこそ森の文化博物館の存在は、重要なものとなるのだと思う。

館長の藤原さんは私より二歳上のほぼ同年輩。山歩きが好きというのも共通している。最も聞きたかったのは、ずっと昔から関心を持ち続けている木地師のことだった。私の住む滋賀県の湖東地方にある永源寺の奥の蛭谷《ひるたに》、君ヶ畑が木地師のふるさとと言われている。藤原さんも先祖の根元地とされている君ヶ畑を訪ねたことがあるという。小宮神には木地師だったことを伝える道具などは、残されていないようだが、伝承は受け継がれてきたのだろうし、藤原という名字がその伝承を物語っている。小宮神には藤原姓が多い。小椋《おぐら》、大蔵、藤原などの名字は、木地師の末裔を示すものだとされており、藤原姓は木地師の祖といわれている惟《これ》喬《たか》親王に付き従ってきた、藤原実秀《さねひで》（小椋実秀）の流れをくむ人々となるのだろう。

藤原さんによれば、天正年間（一五七三―九二）には小宮神に家は二軒しかなかったという。この最初に住み着いたのが、木地師の流れを汲む人だったのだろう。天正といえば江戸時代の少し前だが、この頃には木地職の人たちも定住化が進み、山住みの人もほとんどいなかったと思われる。君ヶ畑の『氏子駆帳』（江戸～明治）を見ても春日谷の地名はまったく出てこない。『春日村史』によると小宮神は香六の枝郷とされている。村史には江戸期の各村の戸数の変動が記されているが、小宮神の戸数だけが大きくふくらんでいっている。だとすれば小宮神に戸数が増えたのは、川合や香六からの人の流入があったのだろう。古屋、笹又は川合、小宮神の出作り地だと藤原さんから聞いている。古屋や笹又にはそれ以前から木地師の人たちによって拓かれていたかも知れないが、定住はないまでも、出作り地として季節によって人が住むようになったのは、小宮神に人口が増え始めた頃からなのだろう。最奥の笹又は谷から一段登った斜面に開け、まさにかくれ里のような地である。水田がなく畑地や茶畑が広がっている地形は、稲作文化とはまた違った、遙か遠くに遡る山に生きてきた人々とのつながりを感じるものだった。

夏、伊吹山から笹又に戻ってくると、いつも畑地上部にあるアスファルトの駐車地に薬草が干された光景と出合う。夏に薬草を刈って干すという作業が、今も続いているのである。しっかりと根付いた春日谷の薬草の文化は、まだまだ生きている。さざれ石公園の休憩所には薬草茶がいつもポットに入れて置かれており、その爽やかな香りのおいしさに、清涼な風が吹き抜けるような気がした。

江戸期には今も盛んに行なわれている茶の栽培や、柴や割木、薬草の栽培や採取、炭焼きなどの仕事が生活の成り立ちを支えてきたと思われる。森の文化博物館のテーマとなっているように、炭はもともと鉄を精錬するために必要な燃料であり、この地でも古くから炭焼きが行なわれていたのだろうが、江戸期には製茶や暖房用の燃料として需要も高まり、江戸から明治にかけて、古屋や笹又は出作り地として拓けていったのであろう。これ以降炭焼きはますます盛んになり、春日谷の人々は近在の山ばかりでなく、日本各地に仕事を求めて散っていたという。

そもそもの私の山歩きも、この炭焼きの人たちの細々とした踏み跡を辿ってみたい、という思いから始まっている。戸谷《とったに》の天《あま》の岩屋を探そうと森の文化博物館を訪ねた時も、藤原さんから、自分の親も炭焼きをしていて昔の戸谷の記憶もあると聞かされた。私が知りたかったのは春日谷の人々の暮らしと関わる伊吹山であったが、土地の方にそうした記憶に残る言葉の端々を聞いても、私にはその断片をつなぎ合わせて当時の山のイメージを形作ることは難しい。こうして改まって話をお聞きしても、半日では時間も足らなかったし、私みたいな話し下手では、聞きたいことを系統だってお聞きする事もできず、雑談程度に終わってしまった。しかしこうして話を聞いたり本を読んだりしていることが、自分の山歩きを創りだし、山へと駆り立てるエネルギーになってきたのだと思うと、この半日も実に貴重な時間であった。

戸谷《とったに》の天《あま》の岩屋《いわや》と弥三郎《やさぶろう》の岩屋を探す

「今行っても無理や、口ではなかなか教えられんし、春に行かんと場所は分からん。」それが岩屋を知る川合のKさんの答えだった。戸谷の岩屋を探しに行って見つけられず、電話で場所を尋ねた時のことだった。

『伊吹町史』の文化・民俗編の冒頭に伊吹の神々のことが書かれている。この伊吹の神をお祀りしていると伝えられているのが、戸谷の岩屋(天の岩戸、天の岩屋)と呼ばれている洞窟である。岩屋は北尾根の御座《ごぜ》峰から東に延びる尾根にあり、静馬《しずま》ヶ原へと突き上げる戸谷の北側斜面にあたる。ここは春日村(現・揖斐《いび》川町)の中山から北尾根の東斜面に延びる林道が、戸谷へと回り込んで少し奥へ入ったところで、標高六〇〇~七〇〇m程度のところだと思われた。

そこで山の帰りに伊吹山文化資料館に行って、戸谷の岩屋について聞いてみると、この岩屋に行かれたという高橋順之氏が折りよくおられ、岩屋の地図や資料のコピーまでいただいた。それは、天(戸谷)の岩屋、弥三郎の岩屋、酒呑童子《しゅてんどうじ》の岩屋など、伊吹山に伝わる昔話や伝説の地名が書き入れられていた。後日、岩屋のことが伊吹山文化資料館に置かれている、米原市教育委員会発行の米原市文化財ニュース『佐加太』第27号に、伊吹山の洞窟探訪の記事として載せられていることを知った。筆者は高橋氏で弥三郎の岩屋探訪の記録だが、先に頂いた地図の弥三郎の岩屋と、『佐加太』第27号の弥三郎の岩屋は位置が違っていた。この記事では伊吹山頂上台地から東に落ちる、急な尾根にある岩屋が弥三郎の岩屋とされ、美濃側では播隆上人の

風穴といわれていると書かれている。こうした資料を読むうちに俄然興味が湧いて岩屋を訪ねてみたくなり、まず『伊吹町史』の最初に書かれている戸谷の岩屋からアタックすることにした。

資料館でいただいた地図のコピーは五万分の一で、戸谷の岩屋の位置があまりに大まかすぎて分かりにくい。揖斐川町春日谷美束の長者平にある「森の文化博物館」に行けば何か分かるのではと思い、館長の藤原千蔵氏に天の岩屋のことを尋ねると、揖斐郡教育会が発刊された『ふるさとの地名』という分厚い本を出してこられた。これには天の岩屋、弥三郎の岩屋が並んで記されていたが、『佐加太』第27号にある弥三郎の岩屋の位置には何も記されていなかった。

夏の暑い一日、戸谷へと車を走らせた。何もこんな暑い時にとも思ったが、岩屋のことを知ってからはじっとしていられなかった。地図の位置を目当てに、林道終点から藪の中に入った。ところがここらあたりだろうという地点に登ってもそれらしい岩屋はない。石灰岩地だけに小さな岩はいくつも見られ、斜面を右に左にと移動するが、結局探し当てられず諦めてしまった。

帰りに森の文化博物館に立ち寄り、館長から何回か岩屋に行ったことがあるという川合のKさんに電話で聞いてもらった。それによると、やはり地図の位置は誤りでもう少し手前から登るようだった。これを聞いて私から直接Kさんに電話で聞いたのが、冒頭での会話だった。

次に目標にしたのは『佐加太』に書かれていた弥三郎の岩屋である。この岩屋は高橋さんからは詳しい位置を示した地図や写真のコピーまでもらっている。今度は何とかなるだろうと思っての挑戦だった。

ルートは二つ考えられたが、高橋氏が行かれた時の南東尾根からのコースを辿ってみた。歩いてみると資料通り炭焼きの窯跡があり、しっかりとした道が続いていた。春に歩いた時には気づかなかったが、こんな道があったのである。これが中尾根から横崖の道を伝って静馬《しずま》ヶ原へと続いていた道なのだろうか。『伊吹町史』には中尾根から川戸谷を横断し、南東尾根を回り込んでこの東斜面の道を通って、戸谷の天の岩屋に参詣したと書かれている。何ともすごいコースである。

美しいブナ樹林帯に続く道は少し進んだところで草原に出くわす。ここで道はぷっつりと切れていた。かなりの急斜面でサラシナショウマやテンニンソウの草原となっており、下にドライブウェイが見える。思い切って草原に突っ込んでみると、がさがさと音がして、五～六頭のシカが飛び跳ね驚かされた。草原を横切るシカの道を追って小さな尾根を越えると、笹の浅い谷を横切りひどい藪を抜けて目的の尾根に達した。

とりあえず尾根を少し上下してみたが見当もつかず、思ったより藪もきつくてそう簡単ではないことが分かった。「福松皇神」と彫られているという石柱があると資料には書かれていたので、まずこの石柱を目標に藪の中を探し歩いたが、暑さが体力を消耗させた。悔しいが撤退となった。

次は暑い夏を避け十一月に入ってから再び弥三郎の岩屋を探した。前回とは別コースをとり、簡単に前回に来た地点に到達したが、やはり目標となる「福松皇神」の石柱は見つからず、またもや敗退。何とかたどり着きたいという思いが強くなり、伊吹山文化資料館を訪ねて高橋氏が岩屋に行かれた時に案内されたという、岐阜県加茂郡のKさんの連絡先を教えていただきルートを聞いた。

早速、次の休日に予定したが思わぬ早い雪が降った。まだ根雪になるには早く、さらに一週間待った。もう十一月末、今年はこれが最後のチャンスだろう。

今回は下から登り上がる方式だ。周囲に目を配りながらゆっくりと登った。急斜面からはっきりとした尾根状となってしばらく進んだところで、何やら白いものが転がっているのが見えた。ドキドキしながら近づくとやはり**石柱**だった。「福松稲荷皇神」と彫られていた。そして教えられた通りの方向へ進んでみたが、それらしい岩は見つからない。おかしいなと思いながらふと下を見ると、何やら空洞があるような感じ。急

「福松稲荷皇神」石柱

弥三郎の岩屋の前

天の岩屋

いで下に回ってみると**枝を立てかけた空洞**がぽっかりと開いていた。岩もなく斜面に穴があるだけ、これでは探すのは難しいはずだ。中に入ると、むっと温かい空気が包んだ。数メートルほど下ったところに空間が開けている。二～三人が入れる程度で、昔は山菜採りに来た人たちが休んだという。外に出てみると斜面にかすかな踏み跡が感じられ、踏み跡を少し追ってみたがすぐに斜面に紛れ込んでしまった。『ふるさとの地名』には南東尾根から山腹をトラバースし、岩屋付近を経由して北尾根へと破線が入れられている。山仕事の人たちの道だったのだろう。

こんな山歩きこそが私が求めていた伊吹の山歩きであった。**天の岩屋**もその翌週、別のルートから登って見たが、やはり見つけられなかった。しかし、翌年の雪融けを待った、早春の一日、森の文化博物館の藤原館長と共に登り、やっと探し当てることができた。灌木や笹、草が生い茂る斜面はそんなに簡単に歩けるところではないが、こんなところに人々は山菜や薬草を探し、炭を焼いて毎日の暮らしを続けていたのである。先人の道を訪ねて分け入り、人々の生活の痕跡を見てきた。そんな昔の人たちの暮らしを確認できたことがうれしかった。

あとがき

伊吹山を集中して歩くようになったきっかけは、昔、笹又に住んでいたという方から、焼いた炭を麓の関ヶ原へと運ぶ山越えの道があり、笹又に祀られている石仏がその山越え道の途中にあったということを聞いたことだった。

数十年前、伊吹山の岐阜県側、春日谷の笹又、古屋では炭焼きが盛んに行なわれていた。焼いた炭は人の背によって峠を越えて麓の関ヶ原や垂井に運ばれたという。大変な仕事だったことだろう。こうして縦横に刻み込まれた山の人たちの暮らしの跡を辿ってみたかったのである。

伊吹山といえば花の山として知られ、深田久弥の日本百名山にも選定されている。山上までドライブウェイが走り、ゴンドラが架かってスキー場があるこの山は、開けすぎた山という印象しかなかった。しかし考えて見れば、こんなにも有名な山なのに、多くの人は花の山としての伊吹山以外、ほとんど知らないのではないだろうか。私も同じだった。

山に生きた人たちの道を探すことから始めた伊吹の山々。花の山とは対照的な地味な山歩きだった。山は深く広く、何も知らなかったこの山々を歩けば歩くほど、好奇の目はさまざまな方角に向き、変化のある山の日々を楽しむことができた。もちろんさまざまな花に出会えたことも嬉しかった。

こうして刻み込まれた山に過ごしてきた時間を、一冊の本という形にすることができたことは望外の悦びであった。機会を与えていただいたナカニシヤ出版社長・中西健夫氏、編集という労多い仕事を担当していただいた林達三氏に感謝したい。

平成二十一年春　　草川　啓三

◎著者紹介
草川　啓三（くさがわ　けいぞう）

1948年　京都市に生まれる。
1968年　山登りを始める。
1975年　京都山の会に入会，現在に至る。
20歳の時，鈴鹿霊仙山へ登ったのがきっかけで登山を始める。
以後，滋賀，京都の山を中心に歩き続けている。

著書　『近江の山』（京都山の会出版局）
『近江の山を歩く』（ナカニシヤ出版）
『鈴鹿の山を歩く』（ナカニシヤ出版）
『近江の峠』（青山舎）
『芦生の森を歩く』（青山舎）
『芦生の森案内』（青山舎）
『山と高原地図／御在所・霊仙・伊吹』（昭文社）
『近江湖西の山を歩く』（ナカニシヤ出版）
『巨樹の誘惑』（青山舎）
『芦生の森に会いにゆく』（青山舎）
『伊吹山自然観察ガイド』（山と溪谷社）共著
ほか共著多数

住所　〒525-0066
滋賀県草津市矢橋町1475

伊吹山 案内――登山と山麓ウオーキング

2009年6月17日　初版第1刷発行　定価はカバーに表示してあります

著　者　草　川　啓　三
発行者　中　西　健　夫
発行所　株式会社ナカニシヤ出版

〒606-8161 京都市左京区一乗寺木ノ本町15番地
電　話　075－723－0111
FAX　075－723－0095
振替口座　01030－0－13128
URL　http://www.nakanishiya.co.jp/
E-mail　iihon-ippai@nakanishiya.co.jp

落丁・乱丁本はお取り替えします。ISBN978-4-7795-0358-0 C0025

印刷・製本　ファインワークス／装幀・地図　竹内康之